금강경 우리말 사경본

원순스님 · 한글 사경

금강경 우리말 사경본

도서
출판 법공양

【삼귀의】

귀의불 양족존 (歸依佛 兩足尊)　거룩한 부처님께 귀의합니다.

귀의법 이욕존 (歸依法 離欲尊)　성스런 가르침에 귀의합니다.

귀의승 중중존 (歸依僧 衆中尊)　청정한 스님들께 귀의합니다.

【칠불통계】

제악막작 (諸惡莫作)　오늘도 나의 허물 되돌아보며

중선봉행 (衆善奉行)　맑고도 향기로운 삶을 살면서

자정기의 (自淨其意)　하늘 빛 푸른 소원 참마음으로

시제불교 (是諸佛敎)　부처님 가르침을 꽃피우소서.

【사홍서원】

중생 무변 서원도 (衆生 無邊 誓願度)　중생을 다 건지오리다.

번뇌 무진 서원단 (煩惱 無盡 誓願斷)　번뇌를 다 끊으오리다.

법문 무량 서원학 (法門 無量 誓願學)　법문을 다 배우오리다.

불도 무상 서원성 (佛道 無上 誓願成)　불도를 다 이루오리다.

* 팔관재계는 십재일인 매달 음력 1일, 8일, 14일, 15일, 18일, 23일,
  24일, 28일, 29일, 30일에 받아 지녀
  부처님의 복덕과 지혜를 닦아나가는 방편이다.

  십재일은 나쁜 기운이 드세어 사람의 몸을 해치고 마음을 어지럽힌다.
  그러므로 부처님께서는 여덟 가지 계와 한낮이 지나면 음식을 먹지 않는
  재법齋法으로 모든 중생이 복덕과 지혜를 길러 세상의 괴로움에서 벗어나게 하였다.

  팔관재계八關齋戒의 '관關'은 허물이 일어나지 않게 막는 것이요, '재齋'는 맑고 깨끗한
  삶이며 '계戒'란 지켜야 할 것을 말한다. 여덟 가지 계를 잘 지키면 '맑고 깨끗한 삶'의
  뿌리가 저절로 형성된다.

【팔관재계】

하룻낮 하룻밤 동안

불비시식不非時食

때가 아니면 먹지 않는 '맑고 깨끗한 삶'을 살아야 합니다.

하룻낮 하룻밤 동안

1. 중생의 생명을 빼앗지 않고 '자비로운 삶'을 살아야 합니다.

2. 도둑질 하지 않고 '마음이 넉넉한 삶'을 살아야 합니다.

3. 인간관계를 나쁘게 맺지 않고 '행복한 삶'을 살아야 합니다.

4. 거짓말하지 않고 '진실한 삶'을 살아야 합니다.

5. 술을 마시지 않고 '지혜로운 삶'을 살아야 합니다.

하룻낮 하룻밤 동안

6. 향수나 꽃으로 몸을 꾸미지 않고 '편안한 삶'을 살아야 합니다.

7. 춤이나 노래로 마음이 들뜨지 않고 '고요한 삶'을 살아야 합니다.

8. 높은 자리에 앉지 않고 '마음을 비우는 삶'을 살아야 합니다.

불기 25   년   월   일   수계행자   정례(頂禮)

금강경 사경 공덕을 찬탄하며

절에 가서 부처님께 예불을 올리고 『금강경』을 열심히 독송하고 사경하며 정성을 다해 기도하는 불자들의 모습은 참으로 아름답습니다. 한 가지 아쉬운 점이 있다면, 부처님의 뜻을 바르게 알고 기도하시는 분들이 그리 많지 않다는 것입니다.

이는 독송하고 사경하는 내용이 대부분 평소 생활에서 익숙하지 않은 한문으로 되어 있기 때문에 일반불자님들이 따로 깊이 있게 불교를 공부하지 않고서는 그 뜻을 이해하기가 쉽지 않은 까닭입니다.

그래서 그간 『원각경』『법화경』『대승기신론 소·별기』『육조단경』『서장』『선요』『선가귀감』 등 여러 경전과 어록을 우리말로 옮기면서, 의식에 많이 쓰이는 '예불문'이나 경전들도 하루 빨리 우리말로 알기 쉽게 뜻풀이해야 되겠다는 마음을 갖게 된 것이 인연의 씨앗이 되어 『금강경』을 번역하고 사경본도 발간하게 되었습니다. 부처님의 가르침을 제대로 이해하고 독송하면서 사경을 할 수 있어야 그분의 세상을 바로 깨달아 들어갈 수 있기 때문입니다.

뜻을 알고 염불해야 부처님의 가피가 커지듯, 정성 들여 부처님 가르침을 알아가는 사경이야말로 불자의 기도이며 수행입니다. '염불'이 부처님의 세상을 마음속에 피워내며 부처님 삶을 살아가게 한다면, '사경'은 부처님 가르침이 담긴 경전을 옮겨 씀으로써 전생의 업을 녹이며, 부처님 지혜 종자를 심어 부처님 세상으로 가게 하기 때문입니다.

한 글자씩 정성스럽게 부처님의 가르침을 옮겨 쓰는 사경 불사는 부처님 가르침대로 살고자 하는 원력이 담겨 있습니다. 경전을 오랫동안 반복해서 옮겨 쓰다 보면 자연스레 경전의 글귀도 외워지고 그 안에 담긴 부처님 가르침도 오롯이 마음속에 피워낼 수 있으므로 올바른 수행이 되는 것입니다.

그러므로 이 경을 사경 할 때는 몸과 마음을 정갈히 하고 깨끗한 장소에서 한마음으로 한 자 한 자 정성을 다해 써나가야 합니다. 성스러운 부처님을 모셔 놓거나 향을 피우는 의식도 좋습니다.

사경을 할 때는 처음부터 끝까지 조급한 마음도 없고 또한 게으른 마음도 없어야 합니다. 거문고의 줄을 고르듯 한 획 한 획 마지막까지 붓에 힘을 싣는 정성으로 집착과 시비 분별하는 마음을 내려놓고 부처님의 마음자리로 들어가야 합니다.

사경을 한 뒤에는 오색 비단 보자기에 싸서 이 경전을 깨끗한 곳에 모셔 놓으면, 동서남북의 천왕과 온갖 천신들이 모두 그 장소로 나아가 공양을 올리면서 이 경전을 지키며 보호할 것이니, 이 험한 세상에서 횡사할 일도 없고 다시는 나쁜 세상 어디에도 떨어질 일이 없습니다.

사경을 하는 금강경 행자시여, 삼세 모든 부처님이 지키고 보호할 것이니, 그 가피로 온갖 장애와 번뇌에서 벗어나 뜻한 대로 소원이 다 이루어져서 행복한 부처님의 세상에서 늘 함께하옵소서.

부처님을 믿는 마음 지극정성 사경 하니
빛으로서 오는 복덕 온갖 공덕 회향함에
온갖 질병 재난 구설 지금 모두 사라져서
눈길 가는 모든 곳이 눈이 부신 극락정토.

2022년 2월 1일 설날
조계산 송광사 인월암 인월행자 두 손 모음

차례

【사경 발원문】

(   ) 사경 제자는

부처님 전에 발원하오니
부처님의 가르침을 받아 지녀 날마다
정성껏 읽고 쓰고 외우겠습니다.

사경에서 나오는 온갖 공덕을
남김없이 우리 이웃에 회향하여
향기로운 부처님의 세상을 꽃피우고자 하오니

시방 삼세 모든 부처님께서는
장애가 없도록 사경 하는 제자들을 빠짐없이
굽어살펴 주시옵소서.

20   년   월   일 불제자   정례(頂禮)

【사경 의식】

○ 불법승에 귀의하니

歸依佛 兩足尊
귀의불 양족존

거룩한 부처님께 귀의합니다.

歸依法 離欲尊
귀의법 이욕존

성스런 가르침에 귀의합니다.

歸依僧 衆中尊
귀의승 중중존

청정한 스님들께 귀의합니다.

○ 부처님 법 드러내며

無上甚深 微妙法
무상심심 미묘법

그 이치가 깊고 깊은 오묘하고 미묘한 법

百千萬劫 難遭遇
백천만겁 난조우

백천만겁 살더라도 만나 뵙기 어려우니

我今聞見 得受持
아금문견 득수지

제가 이제 듣고 보고 부처님 법 받아 지녀

願解如來 眞實意
원해여래 진실의

부처님의 진실한 뜻 깨닫기를 원합니다.

○ 법의 곳간 여는 진언

옴 아라남 아라다 (3번)

○ 사경발원

– 사경 발원문 낭독

○ 사경을 마친 뒤

– 손수 쓴 경전을 독송한다.

○ 사경 공덕을 회향하니

寫經功德殊勝行
사경공덕수승행

無邊勝福皆廻向
무변승복개회향

普願沈溺諸有情
보원침익제유정

速往無量光佛刹
속왕무량광불찰

경을 쓰는 이 공덕이 보살들의 뛰어난 삶
끝이 없는 온갖 복덕 빠짐없이 회향하여
이 힘으로 원하건대 무명 속의 모든 중생
지금 바로 부처님의 극락정토 가옵소서.

오분향 예불문

五分香 禮佛文

아름답고 향기로운 우리의 삶
그 자체가
부처님께 참된 공양 올리는 것

五分香 禮佛文

我今淸淨水
아 금 청 정 수

變爲甘露茶
변 위 감 로 다

奉獻三寶前
봉 헌 삼 보 전

願垂哀納受
원 수 애 납 수

願垂哀納受 願垂慈悲哀納受
원 수 애 납 수 원 수 자 비 애 납 수

戒香 定香 慧香
계 향 정 향 혜 향

解脫香 解脫知見香
해 탈 향 해 탈 지 견 향

【오분향 예불문】

저희들이 이제 올린 맑고 맑은 물 한 그릇
부처님의 가피 입어 감로다로 되었기에
부처님과 바른 법과 청정 승가 삼보 앞에
지극하온 마음으로 정성 다해 올리오니

부처님의 자비로써 애틋하게 받으소서.
부처님의 자비로써 애틋하게 받으소서.
부처님의 자비로써 애틋하게 받으소서.

계향, 맑고 고운 삶으로써 험한 세상 밝히옵고
정향, 번뇌 없는 마음으로 금빛 하늘 바라보며
혜향, 참 행복한 세상에서 슬기롭게 살아가니
해탈향, 온갖 모습 연꽃으로 온 누리에 피어나서
해탈지견향, 부처님의 지견으로
　　　　　　뭇 삶들을 구하리라.

光明雲臺 周遍法界
광 명 운 대 주 변 법 계

供養十方 無量佛法僧
공 양 시 방 무 량 불 법 승

獻香眞言
헌 향 진 언

옴 바으라 도비야 훔 (3번)

至心歸命禮 三界導師
지 심 귀 명 례 삼 계 도 사

四生慈父 是我本師 釋迦牟尼佛
사 생 자 부 시 아 본 사 석 가 모 니 불

至心歸命禮 十方三世
지 심 귀 명 례 시 방 삼 세

帝網刹海 常住一切 佛陀耶衆
제 망 찰 해 상 주 일 체 불 타 야 중

至心歸命禮 十方三世
지 심 귀 명 례 시 방 삼 세

帝網刹海 常住一切 達摩耶衆
제 망 찰 해 상 주 일 체 달 마 야 중

하늘 가득 지혜 광명 우주 법계 충만하여
시방세계 한량없는 많고 많은 부처님들
바른 법과 승보님께 이 공양을 올립니다.

향기로운 모든 삶을 부처님께 올린 진언
옴 바으라 도비야 훔 (3번)

모든 중생 제도하는 자비로운 어버이신
본디부터 우리 스승 석가모니 부처님께
지극정성 절을 하며 목숨 다해 받듭니다.

시방삼세 온 우주에 거듭거듭 펼쳐지는
온갖 국토 어디라도 항상 계신 부처님들
지극정성 절을 하며 목숨 다해 받듭니다.

시방삼세 온 우주에 거듭거듭 펼쳐지는
온갖 국토 어디라도 항상 있는 가르침에
지극정성 절을 하며 목숨 다해 받듭니다.

至心歸命禮 大智 文殊舍利菩薩
지심귀명례 대지 문수사리보살

大行 普賢菩薩 大悲 觀世音菩薩
대행 보현보살 대비 관세음보살

大願本尊 地藏菩薩摩訶薩
대원본존 지장보살마하살

至心歸命禮 靈山當時 受佛附囑
지심귀명례 영산당시 수불부촉

十大弟子 十六聖 五百聖
십대제자 십육성 오백성

獨修聖 乃至 千二百諸大阿羅漢
독수성 내지 천이백제대아라한

無量慈悲聖衆
무량자비성중

至心歸命禮 西乾東震
지심귀명례 서건동진

及我海東 歷代傳燈 諸大祖師
급아해동 역대전등 제대조사

天下宗師 一切微塵數 諸大善知識
천하종사 일체미진수 제대선지식

지혜로운 문수보살 육도만행 보현보살
자비로운 관음보살 대원본존 지장보살
지극정성 절을 하며 목숨 다해 받듭니다.

영산회상 법을 이은 십대제자 십육성인
오백성현 독수성과 천이백의 큰 아라한
헤아릴 수 없이 많은 자비로운 성중님들
지극정성 절을 하며 목숨 다해 받듭니다.

인도 중국 우리나라 세계 곳곳 법을 전한
역대조사 천하종사 많고 많은 선지식들
지극정성 절을 하며 목숨 다해 받듭니다.

至心歸命禮 十方三世
지 심 귀 명 례 시 방 삼 세

帝網刹海 常住一切 僧伽耶衆
제 망 찰 해 상 주 일 체 승 가 야 중

唯願 無盡三寶
유 원 무 진 삼 보

大慈大悲 受我頂禮 冥熏加被力
대 자 대 비 수 아 정 례 명 훈 가 피 력

願共法界諸衆生 自他一時成佛道
원 공 법 계 제 중 생 자 타 일 시 성 불 도

시방삼세 온 우주에 거듭거듭 펼쳐지는
온갖 국토 어디라도 항상 계신 승보님께
지극정성 절을 하며 목숨 다해 받듭니다.

바라건대 이 세상에 다함없는 삼보시여!
대자대비 베푸시어 저희 예배 받으시고
끊임없이 펼쳐지는 부처님의 가피로써
일체중생 모두 함께 성불하기 원합니다.

금강경

金剛經

모습으로 부처님을 보려 하거나
소리로써 부처님을 찾으려 하면
이 사람은 잘못된 길 가는 것이니
부처님을 볼 수 있는 인연 없으리.

1. 法會因由分

如是我聞
여 시 아 문

一時 佛 在舍衛國 祇樹給孤獨園
일 시 불 재 사 위 국 기 수 급 고 독 원

與大比丘衆 千二百五十人俱
여 대 비 구 중 천 이 백 오 십 인 구

爾時 世尊 食時 着衣持鉢
이 시 세 존 식 시 착 의 지 발

入舍衛大城 乞食於其城中
입 사 위 대 성 걸 식 어 기 성 중

次第乞已 還至本處 飯食訖 收衣鉢
차 제 걸 이 환 지 본 처 반 사 흘 수 의 발

洗足已 敷座而坐
세 족 이 부 좌 이 좌

1. 기원정사에서 법회가 열리던 날

이와 같이 저는 들었습니다.

부처님께서 사위국 기원정사에서 성스러운 비구 천이백오십 명과 함께 지내실 때였습니다.

어느 날 이른 아침 가사를 수하신 세존께서 발우를 들고 사위성에 들어가 탁발하시며

차례대로 일곱 집에서 정성껏 올리는 공양물을 받고 다시 머물던 처소로 돌아와 공양을 드시고는 가사와 발우를 정돈하신 뒤 발을 씻으시고는 자리를 펴고 앉으셨습니다.

2. 善現起請分

時 長老 須菩提 在大衆中 卽從座起
시 장로 수보리 재대중중 즉종좌기

偏袒右肩 右膝着地 合掌恭敬
편단우견 우슬착지 합장공경

而白佛言
이백불언

希有 世尊 如來 善護念 諸菩薩
희유 세존 여래 선호념 제보살

善付囑 諸菩薩
선부촉 제보살

世尊 善男子 善女人
세존 선남자 선여인

發阿耨多羅三藐三菩提心
발아뇩다라삼먁삼보리심

應云何住 云何降伏其心
응운하주 운하항복기심

2. 장로 수보리가 법을 청하다

그때 장로 수보리가 대중 가운데에서 일어나 오른쪽 어깨를 드러낸 차림으로 오른 무릎을 꿇으면서 두 손을 모아 합장하고 공경하는 마음으로 부처님께 사뢰었습니다.

"참으로 경이롭고 희유하십니다, 세존이시여. 여래께서는 모든 보살들을 잘 보살펴 주시고 배운 가르침을 잘 실천하도록 격려하여 주십니다.

세존이시여! '더할 나위 없이 높고도 올바른 깨달음'을 얻고자 마음을 일으킨 선남자 선여인들은 어떻게 살아가야 하며 어떻게 마음을 다스려야 합니까?"

佛言
불 언

善哉善哉 須菩提 如汝所說
선 재 선 재　수 보 리　여 여 소 설

如來 善護念 諸菩薩 善付囑 諸菩薩
여 래　선 호 념　제 보 살　선 부 촉　제 보 살

汝今諦聽 當爲汝說
여 금 체 청　당 위 여 설

善男子 善女人 發阿耨多羅三藐三
선 남 자　선 여 인　발 아 뇩 다 라 삼 먁 삼

菩提心
보 리 심

應如是住 如是降伏其心
응 여 시 주　여 시 항 복 기 심

唯然 世尊 願樂欲聞
유 연　세 존　원 요 욕 문

34

부처님께서 말씀하셨다.

"참으로 잘 물었다, 수보리야. 그대의 말대로 여래께서는 모든 보살들을 잘 보살펴주시고 배운 가르침을 잘 실천하도록 격려하여 주시느니라."

"이제 그대를 위하여 설하리니 잘 들어라.

'더할 나위 없이 높고도 올바른 깨달음'을 얻고자 마음을 일으킨 선남자 선여인들은 이와 같이 살아야 하며 이와 같이 마음을 다스려야 할 것이니라."

"네, 세존이시여. 기쁜 마음으로 듣겠사옵니다."

3. 大乘正宗分

佛告 須菩提
불고　수보리

諸菩薩摩訶薩　應如是降伏其心
제 보 살 마 하 살　응 여 시 항 복 기 심

所有一切 衆生之類 若卵生 若胎生
소 유 일 체　중 생 지 류　약 난 생　약 태 생

若濕生 若化生 若有色 若無色 若有
약 습 생　약 화 생　약 유 색　약 무 색　약 유

想 若無想 若非有想非無想 我皆令
상　약 무 상　약 비 유 상 비 무 상　아 개 영

入無餘涅槃 而滅度之
입 무 여 열 반　이 멸 도 지

3. 모습에 집착한다면 보살이 아니다

부처님께서 수보리에게 말씀하셨다.

"수보리야, 모든 보살마하살은 이와 같이 그들의 마음을 다스려야 하니,

온갖 중생들, 즉 알에서 태어난 중생, 모태에서 태어난 중생, 습기에서 태어난 중생, 생긴 모습을 바꾸어 태어난 중생, 형체가 있는 중생, 형체가 없는 중생, 분별이 있는 중생, 분별이 없는 중생, 분별이 있는 것도 아니고 없는 것도 아닌 중생 이 모두를 '번뇌가 다 사라진 열반'에 들게하여 제도해야겠다는 마음을 내야 하느니라."

如是滅度 無量無數 無邊衆生
여 시 멸 도　무 량 무 수　무 변 중 생

實無衆生 得滅度者
실 무 중 생　득 멸 도 자

何以故 須菩提
하 이 고　수 보 리

若菩薩 有我相 人相 衆生相 壽者相
약 보 살 유 아 상 인 상 중 생 상 수 자 상

則非菩薩
즉 비 보 살

"이와 같이 헤아릴 수 없이 많은 중생을 제도하였지만 실로 제도된 중생은 하나도 없으니,

왜냐하면 수보리야, 만약 보살이 나라는 모습에 집착하고, 남이라는 모습에 집착하며, 나와 남들이 어울려 생겨나는 우리 중생이라는 모습에 집착하고, 또는 이들 모두의 생명이 영원할 것이라는 모습에 집착한다면 이는 보살이 아니기 때문이다."

4. 妙行無住分

復次 須菩提 菩薩
부차 수보리 보살

於法 應無所住 行於布施 所謂
어법 응무소주 행어보시 소위

不住色布施 不住聲香味觸法布施
부주색보시 부주성향미촉법보시

須菩提 菩薩 應如是布施
수보리 보살 응여시보시

不住於相 何以故
부주어상 하이고

若菩薩 不住相布施
약보살 부주상보시

其福德 不可思量
기복덕 불가사량

須菩提 於意云何
수보리 어의운하

東方虛空 可思量不
동방허공 가사량부

40

4. 얽매이는 마음이 없이 보시를 해야

"또한 수보리야, 보살은 어떠한 대상에도 얽매이는 마음이 없이 보시해야 한다. 이른바 형색에 얽매이지 않으며, 소리·냄새·맛·촉감·마음의 대상 그 어디에도 얽매이지 않는 마음으로 보시해야 하느니라.

수보리야, 보살은 이와 같이 보시하여 어떤 모습에도 얽매이지 않아야 하니 무슨 까닭이겠느냐? 만약 보살이 어떤 모습에도 얽매이지 않고 보시하면 그 복덕은 헤아릴 수 없을 만큼 크기 때문이다.

수보리야, 그대는 어떻게 생각하느냐? 동쪽 허공의 크기를 헤아릴 수 있겠느냐?"

不也 世尊
불야 세존

須菩提 南西北方 四維上下
수보리 남서북방 사유상하

虛空 可思量不
허공 가사량부

不也 世尊
불야 세존

須菩提 菩薩 無住相 布施福德
수보리 보살 무주상 보시복덕

亦復如是 不可思量
역부여시 불가사량

須菩提
수보리

菩薩 但應如所教住
보살 단응여소교주

"헤아릴 수 없습니다, 세존이시여."

"수보리야, 남쪽 서쪽 북쪽의 허공과 그 사이와
위아래에 있는 허공의 크기를 헤아릴 수 있겠느
냐?"

"헤아릴 수 없습니다, 세존이시여."

"수보리야, 보살이 어떤 모습에도 얽매이지 않고
보시하는 복덕도 이와 같아 그 크기를 헤아릴
수 없느니라.

수보리야, 보살은 오직 이와 같은 가르침대로
살아야 하느니라."

5. 如理實見分

須菩提 於意云何
수보리 어의운하

可以身相 見如來不
가이신상 견여래부

不也 世尊
불야 세존

不可以身相 得見如來
불가이신상 득견여래

何以故 如來所說身相 卽非身相
하이고 여래소설신상 즉비신상

佛告 須菩提
불고 수보리

凡所有相 皆是虛妄
범소유상 개시허망

若見諸相非相 則見如來
약견제상비상 즉견여래

5. 온갖 모습에서 참 모습을 보면

"수보리야, 그대는 어떻게 생각하느냐? '몸의 모양'으로 여래를 볼 수 있겠느냐?"

"볼 수 없습니다, 세존이시여. '몸의 모양'으로 여래를 볼 수 있는 것이 아닙니다.

왜냐하면 여래께서 말씀하시는 '몸의 모양'은 '어떤 실물로 나타난 몸의 모양'이 아니기 때문입니다."

부처님께서 수보리에게 말씀하셨다.

"존재하는 '온갖 모습'은 다 허망한 것이니, '온갖 모습'에서 '허망한 모습이 아닌 참 모습'을 보면 곧 여래를 보느니라."

6. 正信希有分

須菩提 白佛言
수 보 리 백 불 언

世尊 頗有衆生
세 존 파 유 중 생

得聞如是 言說章句 生實信不
득 문 여 시 언 설 장 구 생 실 신 부

佛告 須菩提
불 고 수 보 리

莫作是說
막 작 시 설

如來滅後 後五百歲 有持戒修福者
여 래 멸 후 후 오 백 세 유 지 계 수 복 자

於此章句 能生信心 以此爲實
어 차 장 구 능 생 신 심 이 차 위 실

6. 참된 믿음을 낼 수 있겠습니까

장로 수보리가 부처님께 사뢰었다.

"세존이시여, 어떤 중생들이 이런 가르침을 듣고 참된 믿음을 낼 수 있겠습니까?"

부처님께서 수보리에게 말씀하셨다.

"그렇게 말하지 말라. 여래께서 열반하신 후 오백 년 뒤에도 부처님 말씀대로 아름답게 계를 지키며 복을 짓고 사는 사람들은 이와 같은 가르침에 믿음을 내리니 이로써 부처님의 세상으로 들어갈 것이니라."

當知 是人
당지 시인

不於一佛二佛 三四五佛 而種善根
불어일불이불 삼사오불 이종선근

已於無量 千萬佛所 種諸善根
이어무량 천만불소 종제선근

聞是章句 乃至一念 生淨信者
문시장구 내지일념 생정신자

須菩提 如來 悉知悉見
수보리 여래 실지실견

是諸衆生 得如是無量福德
시제중생 득여시무량복덕

何以故 是諸衆生
하이고 시제중생

無復我相 人相 衆生相 壽者相
무부아상 인상 중생상 수자상

無法相 亦無非法相
무법상 역무비법상

"그대는 마땅히 알아야 한다. 이 사람은 전생에 부처님 한 분, 두 분, 세 분, 네 분, 다섯 분에게만 선근을 심은 것이 아니라, 이미 헤아릴 수 없이 많은 부처님께 온갖 선근을 심었으므로 이와 같은 가르침을 듣고 한 생각에 맑고 깨끗한 믿음을 낼 것이니라.

수보리야, 여래께서는 이 모든 것을 다 아시고 다 보시니, 이 가르침을 믿는 중생들은 헤아릴 수 없는 무량복덕을 얻게 될 것이다.

무엇 때문이겠느냐? 이들 모든 중생은 다시는 '나라는 모습, 남이라는 모습, 나와 남들이 어울려 생겨나는 우리 중생이라는 모습, 또는 이들 모두의 생명이 영원할 것이라는 모습'에 집착하지 않기 때문이며, 법이라는 모습에도 집착하지 않고 법이 아니라는 모습에도 집착하지 않기 때문이다."

何以故
하 이 고

是諸衆生　若心取相
시 제 중 생　약 심 취 상

則爲着我人衆生壽者
즉 위 착 아 인 중 생 수 자

何以故
하 이 고

若取法相　則着我人衆生壽者
약 취 법 상　즉 착 아 인 중 생 수 자

"왜냐하면 이 모든 중생들이 마음에 어떤 모습을 갖게 되면 곧 '나라는 모습에 집착하고, 남이라는 모습에 집착하며, 나와 남들이 어울려 생겨나는 우리 중생이라는 모습에 집착하고, 또는 이들 모두의 생명이 영원할 것이라는 모습에 집착하는 것'이 되기 때문이다.

무슨 까닭이겠느냐? 마음에 법이라는 모습을 갖게 되면 곧 '나라는 모습에 집착하고, 남이라는 모습에 집착하며, 나와 남들이 어울려 생겨나는 우리 중생이라는 모습에 집착하고, 또는 이들 모두의 생명이 영원할 것이라는 모습에 집착하는 것'이 되기 때문이며,

若取非法相
약 취 비 법 상

卽着我人衆生壽者
즉 착 아 인 중 생 수 자

是故 不應取法 不應取非法
시 고 불 응 취 법 불 응 취 비 법

以是義故 如來 常說
이 시 의 고 여 래 상 설

汝等 比丘 知我說法 如筏喩者
여 등 비 구 지 아 설 법 여 벌 유 자

法尙應捨 何況非法
법 상 응 사 하 황 비 법

법이 아니라는 모습을 갖게 되도 곧 '나라는 모습에 집착하고, 남이라는 모습에 집착하며, 나와 남들이 어울려 생겨나는 우리 중생이라는 모습에 집착하고, 또는 이들 모두의 생명이 영원할 것이라는 모습에 집착하는 것'이 되기 때문이다.

이렇기 때문에 '법'이라는 모습도 갖지 말아야 하며 '법 아닌 것'이라는 모습도 갖지 말아야 하느니라.

이런 뜻으로 여래께서는 늘 말씀하셨다.
'그대 비구들은 내가 말한 법이 뗏목 같은 줄 알아야 한다. 법조차도 오히려 버려야 하거늘, 하물며 법 아닌 것이야 더 말할 필요가 있겠는가.'"

7. 無得無說分

須菩提 於意云何
수 보 리 어 의 운 하

如來 得阿耨多羅三藐三菩提耶
여 래 득 아 뇩 다 라 삼 먁 삼 보 리 야

如來 有所說法耶
여 래 유 소 설 법 야

須菩提言
수 보 리 언

如我解佛所說義
여 아 해 불 소 설 의

無有定法 名阿耨多羅三藐三菩提
무 유 정 법 명 아 뇩 다 라 삼 먁 삼 보 리

亦無有定法 如來可說
역 무 유 정 법 여 래 가 설

7. 얻을 수 있는 것도 아니고 말할 수 있는 것도 아니며

부처님께서 수보리에게 말씀하셨다.

"수보리야, 그대는 어떻게 생각하느냐? 여래께서 '더할 나위 없이 높고도 올바른 깨달음'을 얻었느냐? 여래께서 말씀하신 법이 있겠느냐?"

장로 수보리가 말하였다.

"부처님께서 말씀하신 뜻을 제가 알기로는 '더할 나위 없이 높고도 올바른 깨달음'이라 할 만한 결정된 법이 없으며, 또한 여래께서 말씀할 만한 정해진 법도 없습니다."

何以故 如來所說法
하 이 고　여 래 소 설 법

皆不可取 不可說 非法非非法
개 불 가 취　불 가 설　비 법 비 비 법

所以者何
소 이 자 하

一切賢聖 皆 以無爲法 而有差別
일 체 현 성　개　이 무 위 법　이 유 차 별

"무슨 까닭이겠습니까? 여래께서 말씀하신 법은 모두 취할 수 있는 것도 아니고 말할 수 있는 것도 아니며, 법도 아니고 법 아닌 것도 아니기 때문입니다.

왜냐하면 현자와 성인은 모두 무위법으로써 여러 가지 모습을 드러내고 있기 때문입니다."

8. 依法出生分

須菩提 於意云何
수보리 어의운하

若人 滿三千大千世界七寶 以用布
약인 만삼천대천세계칠보 이용보

施 是人 所得福德 寧爲多不
시 시인 소득복덕 영위다부

須菩提言
수보리언

甚多 世尊 何以故 是福德 卽非福德
심다 세존 하이고 시복덕 즉비복덕

性 是故 如來 說福德多
성 시고 여래 설복덕다

8. 부처님과 깨달음이 모두 이 경에서 나오다

부처님께서 수보리에게 말씀하셨다.

"수보리야, 그대는 어떻게 생각하느냐? 만약 어떤 사람이 삼천대천세계를 일곱 가지 보배로 가득 채워 보시한다면 이 사람이 얻는 복덕이 얼마나 많겠느냐?"

장로 수보리가 말하였다.

"참으로 많습니다, 세존이시여. 왜냐하면 이 복덕은 곧 복덕의 성품이 아니니, 이 때문에 여래께서 복덕이 많다고 말씀하신 것입니다."

若復有人 於此經中
약 부 유 인　어 차 경 중

受持乃至 四句偈等
수 지 내 지　사 구 게 등

爲他人說 其福勝彼
위 타 인 설　기 복 승 피

何以故　須菩提
하 이 고　수 보 리

一切諸佛　及諸佛阿耨多羅三藐三
일 체 제 불　급 제 불 아 뇩 다 라 삼 먁 삼

菩提法 皆從此經出
보 리 법 개 종 차 경 출

須菩提
수 보 리

所謂 佛法者 即非佛法
소 위　불 법 자　즉 비 불 법

"만약 어떤 사람이 이 경이나 이 가르침 속에 있는 네 구절의 게송만이라도 받아 지녀 다른 사람을 위하여 그 뜻을 일러 준다면 그 복덕은 삼천대천세계를 일곱 가지 보배로 가득 채워 보시한 복덕보다도 더 뛰어날 것이다."

"무슨 까닭이겠느냐, 수보리야.

시방세계 부처님과 그분들의 깨달음이 모두 이 가르침에서 나왔기 때문이다.

수보리야,
이른바 부처님의 법이라 집착한다면 그것은 부처님의 법이 아니니라."

9. 一相無相分

須菩提 於意云何
수 보 리 　 어 의 운 하

須陀洹 能作是念
수 다 원 　 능 작 시 념

我得須陀洹果不
아 득 수 다 원 과 부

須菩提言
수 보 리 언

不也 世尊
불 야 　 세 존

何以故 須陀洹
하 이 고 　 수 다 원

名爲入流 而無所入
명 위 입 류 　 이 무 소 입

不入色聲香味觸法 是名須陀洹
불 입 색 성 향 미 촉 법 　 시 명 수 다 원

9. 하나 된 모습에서 그 모습조차 없어

"수보리야, 그대는 어떻게 생각하느냐? 욕망으로 살아가는 세계에서 '나에 대한 집착' '계율과 의식에 대한 집착' '법에 대한 의심'이 끊어져 성자의 흐름에 든 사람 수다원이 '나는 수다원의 지위를 얻었다'는 생각을 낼 수 있겠느냐?"

장로 수보리가 말하였다.

"아닙니다, 세존이시여. 왜냐하면 수다원은 성자의 흐름에 들어갔다고 하지만 들어간 곳이 없기 때문입니다. 형색이나 소리·냄새·맛·촉감·마음의 대상 그 어디에도 들어가지 않았기 때문에 수다원이라 말하는 것입니다."

須菩提 於意云何
수보리 어의운하

斯陀含 能作是念
사다함 능작시념

我得斯陀含果不
아득사다함과부

須菩提言
수보리언

不也 世尊 何以故 斯陀含
불야 세존 하이고 사다함

名一往來 而實無往來
명일왕래 이실무왕래

是名斯陀含
시명사다함

"수보리야, 그대는 어떻게 생각하느냐? 욕망으로 살아가는 세계에서 '감각적 욕망'과 '성내는 마음'이 아직 조금 남아 있어 이를 없애기 위하여 욕망의 세계로 다시 한 번 더 돌아와야 할 사람 사다함이 '나는 사다함의 지위를 얻었다'는 생각을 낼 수 있겠느냐?"

장로 수보리가 말하였다.

"아닙니다, 세존이시여. 왜냐하면 사다함은 욕망의 세계로 다시 한 번 돌아와야 할 사람이라고는 하지만, 실로 돌아와야 할 곳이 없기 때문에 사다함이라 부르는 것입니다."

須菩提 於意云何
수 보 리 어 의 운 하

阿那含 能作是念
아 나 함 능 작 시 념

我得阿那含果不
아 득 아 나 함 과 부

須菩提言
수 보 리 언

不也 世尊
불 야 세 존

何以故 阿那含
하 이 고 아 나 함

名爲不來 而實無不來
명 위 불 래 이 실 무 불 래

是故 名阿那含
시 고 명 아 나 함

"수보리야, 그대는 어떻게 생각하느냐? 욕망으로 살아가는 세계에서 '나에 대한 집착' '계율과 의식에 대한 집착' '법에 대한 의심' '감각적 욕망'과 '성내는 마음'이 모두 끊어져 다시는 욕망의 세계로 되돌아오지 않을 사람 아나함이 '나는 아나함의 지위를 얻었다'는 생각을 낼 수 있겠느냐?"

장로 수보리가 말하였다.

"아닙니다, 세존이시여. 왜냐하면 아나함은 욕망의 세계로 다시 오지 않을 사람이라고는 하지만, 실로 다시 오지 않을 곳이 없기 때문에 아나함이라 부르는 것입니다."

須菩提 於意云何
수보리 어의운하

阿羅漢 能作是念
아라한 능작시념

我得阿羅漢道不
아득아라한도부

須菩提言
수보리언

不也 世尊
불야 세존

何以故 實無有法 名阿羅漢
하이고 실무유법 명아라한

世尊 若阿羅漢
세존 약아라한

作是念 我得阿羅漢道
작시념 아득아라한도

卽爲着我人衆生壽者
즉위착아인중생수자

"수보리야, 그대는 어떻게 생각하느냐? 마음속에 다툼이 없어 고요한 삶을 즐기는 아라한이 '나는 아라한의 도를 얻었다'는 생각을 낼 수 있겠느냐?"

장로 수보리가 말하였다.

"아닙니다, 세존이시여. 왜냐하면 실로 아라한이라고 할 만한 법이 없기 때문입니다.
세존이시여, 만약 아라한이 '나는 아라한의 도를 얻었다'는 생각을 내면 이는 곧 '나라는 모습에 집착하고, 남이라는 모습에 집착하며, 나와 남들이 어울려 생겨나는 우리 중생이라는 모습에 집착하고, 또는 이들 모두의 생명이 영원할 것이라는 모습에 집착하는 것'이기 때문입니다."

世尊 佛說 我得無諍三昧
세존 불설 아득무쟁삼매

人中最爲第一 是第一離欲阿羅漢
인중최위제일 시제일이욕아라한

世尊 我 不作是念 我是離欲阿羅漢
세존 아 부작시념 아시이욕아라한

世尊 我 若作是念 我得阿羅漢道
세존 아 약작시념 아득아라한도

世尊 則不說
세존 즉불설

須菩提 是樂阿蘭那行者
수보리 시요아란나행자

以須菩提 實無所行
이수보리 실무소행

而名須菩提 是樂阿蘭那行
이명수보리 시요아란나행

70

"세존이시여, 부처님께서 저를 '다툼이 없는 무쟁삼매를 얻은 사람 가운데 최고'라고 하시니, 이는 '온갖 욕망을 떠난 으뜸가는 아라한'이라 말씀하신 것입니다.

세존이시여, 그러나 저는 제가 '온갖 욕망을 떠난 아라한'이라는 생각을 하지 않습니다.

세존이시여, 제가 만약 '나는 아라한의 도를 얻었다' 하면, 세존께서 '수보리는 마음속에 다툼이 없어 고요한 삶을 즐기는 사람'이라고 말씀하시지 않았을 것입니다.

제가 실로 그런 생각이 없기 때문에 '수보리는 마음속에 다툼이 없어 고요한 삶을 즐기는 사람'이라고 말씀하시는 것입니다."

10. 莊嚴淨土分

佛告 須菩提
불고 수보리

於意云何 如來 昔在燃燈佛所
어의운하 여래 석재연등불소

於法 有所得不
어법 유소득부

不也 世尊
불야 세존

如來 在燃燈佛所 於法實無所得
여래 재연등불소 어법실무소득

須菩提 於意云何 菩薩 莊嚴佛土不
수보리 어의운하 보살 장엄불토부

不也 世尊 何以故 莊嚴佛土者
불야 세존 하이고 장엄불토자

卽非莊嚴 是名莊嚴
즉비장엄 시명장엄

10. 부처님의 국토를 장엄한다는 것은

부처님께서 수보리에게 말씀하셨다.

"그대는 어떻게 생각하느냐? 여래가 옛날, 불꽃처럼 빛나는 연등 부처님이 계신 곳에서 얻은 법이 있겠느냐?"

"아닙니다, 세존이시여. 여래께서는 불꽃처럼 빛나는 연등 부처님이 계신 곳에서 실로 얻은 법이 없습니다."

"수보리야, 그대는 어떻게 생각하느냐? 보살이 부처님의 국토를 장엄하겠느냐?"

"아닙니다, 세존이시여. 왜냐하면 부처님의 국토를 장엄한다는 것은 곧 어떤 실물로 장엄하는 것이 아니기 때문에 이를 일러 장엄한다고 하는 것입니다."

是故 須菩提 諸菩薩摩訶薩 應如是
시고 수보리 제보살마하살 응여시

生淸淨心 不應住色生心 不應住聲
생 청정심 불응주색생심 불응주성

香味觸法生心 應無所住而生其心
향미촉법생심 응무소주이생기심

須菩提
수보리

譬如有人 身如須彌山王
비여유인 신여수미산왕

於意云何 是身爲大不
어의운하 시신위대부

須菩提言
수보리언

甚大 世尊
심대 세존

何以故 佛說非身 是名大身
하이고 불설비신 시명대신

"그러므로 수보리야, 모든 보살마하살은 이처럼 맑고 깨끗한 마음을 쓰며, 형색에도 얽매이지 말고, 소리·냄새·맛·촉감·마음의 대상에도 얽매이지 말아야 하니, 그 어디에도 집착하지 말아야 하느니라.

수보리야, 비유컨대 어떤 사람의 몸이 거대한 수미산과도 같다면 그대는 어떻게 생각하느냐? 그 몸이 크다고 할 수 있겠느냐?"

"참으로 큽니다, 세존이시여. 왜냐하면 부처님께서는 어떤 실물로 나타난 몸이 아닌 것, 이를 일러 큰 몸이라 말씀하셨기 때문입니다."

11. 無爲福勝分

須菩提 如恒河中 所有沙數
수보리 여항하중 소유사수

如是沙等恒河
여시사등항하

於意云何 是諸恒河沙 寧爲多不
어의운하 시제항하사 영위다부

須菩提言
수보리언

甚多 世尊
심다 세존

但諸恒河 尚多無數 何況其沙
단제항하 상다무수 하황기사

11. 네 구절의 게송만이라도 일러 준 복덕

"수보리야, 갠지스강 모래알 수만큼이나 많은 갠지스강이 있다면, 그대는 어떻게 생각하느냐? 이 모든 갠지스강에 있는 모래알 수를 많다고 할 수 있겠느냐?"

장로 수보리가 말하였다.

"참으로 많습니다, 세존이시여. 단지 모든 갠지스강만 해도 헤아릴 수 없이 많거늘, 하물며 그 모래알 수야 더 말할 필요가 있겠습니까."

須菩提 我今 實言 告汝
수보리 아금 실언 고여

若有 善男子 善女人 以七寶滿
약유 선남자 선여인 이칠보만

爾所恒河沙數 三千大千世界
이소항하사수 삼천대천세계

以用布施 得福多不
이용보시 득복다부

須菩提言 甚多 世尊
수보리언 심다 세존

佛告 須菩提
불고 수보리

若善男子 善女人
약선남자 선여인

於此經中 乃至受持 四句偈等
어차경중 내지수지 사구게등

爲他人說 而此福德 勝前福德
위타인설 이차복덕 승전복덕

"수보리야, 내가 이제 진실한 말로 그대에게 일러 주겠노라. 만약 어떤 선남자 선여인이 저 갠지스강 모래알 수만큼이나 많은 삼천대천세계를 일곱 가지 보배로 가득 채워 보시한다면 그들이 얻을 복이 많겠느냐?"

"참으로 많습니다, 세존이시여."

부처님께서 수보리에게 말씀하셨다.

"만약 선남자 선여인이 이 경이나 이 가르침 속에 있는 네 구절의 게송만이라도 받아 지녀 다른 사람들을 위하여 그 뜻을 일러 준다면, 이 복덕은 앞에서 말한 일곱 가지 보배로 보시한 복덕보다도 더 뛰어날 것이니라."

12. 尊重正教分

復次 須菩提
부차 수보리

隨說是經 乃至 四句偈等
수설시경 내지 사구게등

當知 此處 一切世間 天人 阿修羅
당지 차처 일체세간 천인 아수라

皆應供養 如佛塔廟
개응공양 여불탑묘

何況 有人盡能 受持讀誦
하황 유인진능 수지독송

須菩提 當知
수보리 당지

是人成就 最上第一 希有之法
시인성취 최상제일 희유지법

若是經典 所在之處
약시경전 소재지처

則爲有佛 若尊重弟子
즉위유불 약존중제자

12. 바른 가르침을 존중하고 받들다

다시 부처님께서 수보리에게 말씀하셨다.

"또한 수보리야, 이 경이나 이 가르침 속에 있는 네 구절의 게송만이라도 설하는 곳이 있다면, 마땅히 여기는 모든 세간에 있는 하늘의 신이나 인간 아수라 등이 부처님이 계시는 절이나 탑처럼 받들어 공양 올려야 할 곳임을 알아야 한다. 하물며 이 가르침을 남김없이 받들어 지니고 독송하는 사람이야 더 말할 필요가 있겠느냐.

수보리야, 그대는 마땅히 이 사람이 세상에서 가장 으뜸가는 경이롭고 희유한 법을 성취한 줄 알아야 한다.

이 경전이 있는 장소는 부처님이 계시는 곳이요, 존경하고 받들어 모셔야 할 부처님의 훌륭한 제자들이 있는 곳과 같으니라."

13. 如法受持分

爾時 須菩提 白佛言
이시 수보리 백불언

世尊 當何名此經 我等 云何奉持
세존 당하명차경 아등 운하봉지

佛告 須菩提
불고 수보리

是經名爲 金剛般若波羅蜜
시경명위 금강반야바라밀

以是名字 汝當奉持
이시명자 여당봉지

所以者何 須菩提 佛說般若波羅蜜
소이자하 수보리 불설반야바라밀

即非般若波羅蜜 是名般若波羅蜜
즉비반야바라밀 시명반야바라밀

須菩提 於意云何 如來有所說法不
수보리 어의운하 여래유소설법부

須菩提 白佛言 世尊 如來 無所說
수보리 백불언 세존 여래 무소설

82

13. 금강반야바라밀을 받아 지녀 설해야 한다

그때 장로 수보리가 부처님께 사뢰어 물었다.

"세존이시여, 이 경의 이름을 무어라 불러야 하며 저희들이 어떻게 받들어 지녀야 합니까?"

부처님께서 수보리에게 말씀하셨다.

"이 경은 '깨달음으로 가는 금강의 지혜'라는 뜻을 지닌 '금강반야바라밀경'이라고 하니, 이 이름으로 그대들은 받들어 지녀야 할 것이다.

왜냐하면 수보리야, 부처님이 말씀하신 '깨달음으로 가는 지혜 반야바라밀'은 '어떤 실체가 있는 반야바라밀'이 아니기 때문에 이를 일러 '반야바라밀'이라고 한다.

수보리야, 그대는 어떻게 생각하느냐? 여래께서 말씀하신 법이 있겠느냐?"

"세존이시여, 여래께서는 법을 말씀하신 바가 없습니다."

須菩提 於意云何
수보리 어의운하

三千大千世界 所有微塵 是爲多不
삼천대천세계 소유미진 시위다부

須菩提言 甚多 世尊
수보리언 심다 세존

須菩提 諸微塵
수보리 제미진

如來說 非微塵 是名微塵
여래설 비미진 시명미진

如來說 世界 非世界 是名世界
여래설 세계 비세계 시명세계

須菩提 於意云何
수보리 어의운하

可以三十二相 見如來不
가이삼십이상 견여래부

"수보리야, 그대는 어떻게 생각하느냐? 삼천대천세계를 이루고 있는 모든 티끌의 수가 많겠느냐?"

"참으로 많습니다, 세존이시여."

"수보리야, 이 모든 티끌을 여래께서 어떤 실체가 있는 티끌이 아니라고 말씀하셨으므로, 이를 일러 티끌이라고 한다. 여래께서 말씀하신 세계도 어떤 실체가 있는 세계가 아니므로, 이를 일러 세계라고 하느니라.

수보리야, 그대는 어떻게 생각하느냐? '서른두 가지 뛰어난 모습'으로 여래를 볼 수 있겠느냐?"

不也 世尊
불야 세존

不可 以三十二相 得見如來
불가 이삼십이상 득견여래

何以故 如來說 三十二相
하이고 여래설 삼십이상

卽是非相 是名三十二相
즉시비상 시명삼십이상

須菩提
수보리

若有善男子 善女人
약유선남자 선여인

以恒河沙等 身命布施
이항하사등 신명보시

若復有人
약부유인

於此經中 乃至 受持四句偈等
어차경중 내지 수지사구게등

爲他人說 其福甚多
위타인설 기복심다

"아닙니다, 세존이시여. '서른두 가지 뛰어난 모습'으로 여래를 볼 수 없습니다. 왜냐하면 여래께서 말씀하신 '서른두 가지 뛰어난 모습'은 어떤 실체가 있는 '서른두 가지 뛰어난 모습'이 아니므로, 이를 일러 '서른두 가지 뛰어난 모습'이라고 하는 것입니다."

"수보리야, 만약 어떤 선남자 선여인이 갠지스 강의 모래알 수만큼이나 많은 몸과 목숨을 바쳐 보시했더라도,

어떤 사람이 이 경이나 이 가르침 속에 있는 네 구절의 게송만이라도 받아 지녀 다른 사람들을 위하여 그 뜻을 일러 준다면,

이 복덕은 헤아릴 수 없이 많은 몸과 목숨을 바쳐 보시한 복덕보다도 더 뛰어날 것이니라."

14. 離相寂滅分

爾時 須菩提 聞說是經 深解義趣
이 시　수보리　문설시경　심해의취

涕淚悲泣 而白佛言
체 루 비 읍　이 백 불 언

希有 世尊 佛說 如是甚深經典
희 유　세 존　불 설　여시심심경전

我從昔來 所得慧眼 未曾得聞
아 종 석 래　소 득 혜 안　미 증 득 문

如是之經
여 시 시 경

世尊 若復有人 得聞是經 信心淸淨
세 존　약 부 유 인　득 문 시 경　신 심 청 정

則生實相 當知 是人成就 第一希有
즉 생 실 상　당 지　시 인 성 취　제 일 희 유

功德
공 덕

14. 집착을 떠난 것 이를 일러 '부처님'이라 한다

이때 수보리가 이 경의 가르침을 듣고 그 뜻을 깊이 깨닫고는 벅찬 감동의 눈물을 흘리면서 부처님께 사뢰었다.

"경이롭고 희유하십니다, 세존이시여. 부처님께서 이처럼 뜻이 깊은 경전을 말씀하시는 것을 제가 예전에 얻은 지혜의 눈으로도 일찍이 듣고 본 적이 없습니다.

세존이시여, 어떤 사람이 이 가르침을 듣고 맑은 믿음을 낸다면 참다운 모습을 알게 되니, 마땅히 이 사람은 이 세상에서 으뜸가는 경이롭고 희유한 공덕을 성취한 줄 알아야 합니다."

世尊 是實相者 則是非相
세존 시실상자 즉시비상

是故 如來說 名實相
시고 여래설 명실상

世尊 我今得聞
세존 아금득문

如是經典 信解受持 不足爲難
여시경전 신해수지 부족위난

若當來世 後五百歲 其有衆生 得聞
약당래세 후오백세 기유중생 득문

是經 信解受持 是人 則爲第一希有
시경 신해수지 시인 즉위제일희유

"세존이시여, 이 가르침의 '참다운 모습'이란 곧 '어떤 실체가 있는 모습'이 아니니, 이런 까닭으로 여래께서는 '참다운 모습'이라 말씀하시는 것입니다.

세존이시여, 제가 지금 이 경전의 가르침을 듣고서 그대로 믿고 알아 받아 지니는 것은 그리 어려운 일이 아닙니다.

그러나 뒷날 오백년이 지난 후에 어떤 중생이 이 가르침을 듣고서 믿고 알아 받아 지닌다면, 이 사람은 세상에서 가장 경이롭고 희유한 사람이 될 것입니다."

何以故 此人
하 이 고 차 인

無我相 無人相 無衆生相 無壽者相
무 아 상 무 인 상 무 중 생 상 무 수 자 상

所以者何
소 이 자 하

我相 卽是非相
아 상 즉 시 비 상

人相 衆生相 壽者相 卽是非相
인 상 중 생 상 수 자 상 즉 시 비 상

何以故
하 이 고

離一切諸相 則名諸佛
이 일 체 제 상 즉 명 제 불

92

"왜냐하면 이 사람은 '나라는 모습, 남이라는 모습, 나와 남들이 어울려 생겨나는 우리 중생이라는 모습, 또는 이들 모두의 생명이 영원할 것이라는 모습'에 집착하지 않기 때문입니다.

무슨 말인가 하면, '나라는 모습'은 어떤 실체가 있는 나라는 모습이 아니요, '남이라는 모습, 나와 남들이 어울려 생겨나는 우리 중생이라는 모습, 또는 이들 모두의 생명이 영원할 것이라는 모습' 그 어느 것도 곧 어떤 실체가 있는 모습이 아니기 때문입니다.

왜냐하면 온갖 모습에 대한 집착을 떠난 것 이를 일러 '부처님'이라 부르기 때문입니다."

佛告 須菩提
불 고 수 보 리

如是如是 若復有人
여 시 여 시 약 부 유 인

得聞是經 不驚 不怖 不畏
득 문 시 경 불 경 불 포 불 외

當知 是人 甚爲希有
당 지 시 인 심 위 희 유

何以故 須菩提
하 이 고 수 보 리

如來說 第一波羅蜜
여 래 실 제 일 바 라 밀

則非第一波羅蜜 是名第一波羅蜜
즉 비 제 일 바 라 밀 시 명 제 일 바 라 밀

부처님께서 수보리에게 말씀하셨다.

"맞다, 맞는 말이다. 어떤 사람이 이 가르침을 듣고서 놀라거나 두려워하지 않고 멀리하지 않는다면 이 사람은 참으로 경이롭고 희유한 사람인 줄 알아야 하느니라.

왜냐하면 수보리야, 여래께서 말씀하신 '깨달음으로 가는 최상의 방편'은 어떤 실체가 있어 '깨달음으로 가는 최상의 방편'이라 하는 것이 아니므로, 이를 일러 '깨달음으로 가는 최상의 방편'이라고 하기 때문이다."

須菩提
수보리

忍辱波羅蜜 如來說
인욕바라밀 여래설

非忍辱波羅蜜 是名忍辱波羅蜜
비인욕바라밀 시명인욕바라밀

何以故 須菩提
하이고 수보리

如我昔爲歌利王 割截身體
여아석위가리왕 할절신체

我於爾時
아어이시

無我相 無人相 無衆生相 無壽者相
무아상 무인상 무중생상 무수자상

"수보리야, '깨달음으로 가는 인욕'도 여래께서 어떤 실체가 있어 참아야 하는 '깨달음으로 가는 인욕'이 아니라고 말씀하시므로 이를 일러 '깨달음으로 가는 인욕'이라고 하느니라.

무슨 까닭이겠느냐, 수보리야. 옛날 가리왕이 예리한 칼로 나의 몸을 잘라서 토막 낼 때, 그때 나는 '나라는 모습, 남이라는 모습, 나와 남들이 어울려 생겨나는 우리 중생이라는 모습, 또는 이들 모두의 생명이 영원할 것이라는 모습'에 집착하지 않았기 때문이다."

何以故
하 이 고

我於往昔 節節 支解時
아 어 왕 석 절 절 지 해 시

若有 我相 人相 衆生相 壽者相
약 유 아 상 인 상 중 생 상 수 자 상

應生嗔恨
응 생 진 한

須菩提 又 念過去
수 보 리 우 념 과 거

於五百世 作忍辱仙人 於爾所世
어 오 백 세 작 인 욕 선 인 어 이 소 세

無我相 無人相 無衆生相 無壽者相
무 아 상 무 인 상 무 중 생 상 무 수 자 상

"무슨 말인고 하면,
내 몸이 마디마디 사지가 찢길 때에 '나라는 모
습에 집착하고, 남이라는 모습에 집착하며, 나와
남들이 어울려 생겨나는 우리 중생이라는 모습
에 집착하고, 또는 이들 모두의 생명이 영원할
것이라는 모습에 집착하는 것'이 있었다면, 반드
시 나는 가리왕에게 성내고 원망하는 마음을 냈
을 것이기 때문이다.

수보리야, 또 과거 오백세에 인욕선인으로 살던 일
을 생각하니 그때 세상에서도 나는 '나라는 모습,
남이라는 모습, 나와 남들이 어울려 생겨나는 우리
중생이라는 모습, 또는 이들 모두의 생명이 영원할
것이라는 모습'에 집착이 없었다."

是故 須菩提 菩薩 應離一切相
시고 수보리 보살 응리일체상

發阿耨多羅三藐三菩提心
발아뇩다라삼막삼보리심

不應住色生心
불응주색생심

不應住聲香味觸法生心
불응주성향미촉법생심

應生無所住心
응생무소주심

若心有住 則爲非住
약심유주 즉위비주

是故 佛說 菩薩 心不應住色布施
시고 불설 보살 심불응주색보시

須菩提 菩薩
수보리 보살

爲利益一切衆生 應如是布施
위이익일체중생 응여시보시

"그러므로 수보리야, 보살은 온갖 허망한 모습을 떠나 '더할 나위 없이 높고도 올바른 깨달음'을 얻고자 마음을 내야 한다.

형색에 얽매이지 말고 소리·냄새·맛·촉감·마음의 대상에도 얽매이지 않아 반드시 그 어디에도 집착하지 않는 마음을 내야 한다.

만약 마음이 어떤 대상에 얽매여 있다면 이는 곧 보살이 머무를 곳이 아니기 때문이다. 이런 까닭에 부처님께서 '보살은 형색에 집착하여 보시해서는 안 된다'고 말씀하시느니라.

수보리야, 보살은 모든 중생을 이롭게 하기 위하여 이처럼 보시해야 하느니라."

如來說 一切諸相 卽是非相
여래설 일체제상 즉시비상

又說 一切衆生 卽非衆生
우설 일체중생 즉비중생

須菩提 如來 是眞語者 實語者
수보리 여래 시진어자 실어자

如語者 不誑語者 不異語者
여어자 불광어자 불이어자

須菩提 如來所得法
수보리 여래소득법

此法 無實無虛
차법 무실무허

須菩提 若菩薩 心住於法
수보리 약보살 심주어법

而行布施 如人入闇 則無所見
이행보시 여인입암 즉무소견

"여래께서는 '온갖 모습도 곧 어떤 모습이라고 할 실체가 있는 것이 아니다.' 하고, 또 '모든 중생도 곧 중생이라고 할 어떤 실체가 있는 것이 아니다.'라고 말씀하셨다.

수보리야, 여래께서는 참말을 하시는 분이며, 알찬 말을 하시는 분이며, 있는 그대로의 말을 하시는 분이며, 속이지 않는 말을 하시는 분이며, 틀린 말을 하시지 않는 분이시다.

수보리야, 여래께서 깨달으신 법, 이 법은 참된 것도 아니요 헛된 것도 아니니라.

수보리야, 만약 보살이 어떤 대상에 집착하여 보시한다면, 이는 어둠 속에 들어가 아무것도 보지 못하는 것과 같다."

若菩薩 心不住法而行布施
약보살 심부주법이행보시

如人有目 日光明照 見種種色
여인유목 일광명조 견종종색

須菩提 當來之世 若有善男子
수보리 당래지세 약유선남자

善女人 能於此經 受持讀誦
선여인 능어차경 수지독송

則爲如來 以佛智慧 悉知是人
즉위여래 이불지혜 실지시인

悉見是人 皆得成就 無量無邊功德
실견시인 개득성취 무량무변공덕

"만약 보살이 어떤 대상에 집착하지 않고 보시한다면, 이는 눈 밝은 사람이 환한 대낮에 온갖 사물을 보는 것과 같으니라.

수보리야, 오는 세상에 선남자 선여인이 이 경을 받아 지녀 읽고 외운다면, 여래께서 깨달음의 지혜로 이 사람들을 다 알고 보시니, 이들 모두는 헤아릴 수 없이 많은 공덕을 성취할 것이니라."

15. 持經功德分

須菩提 若有 善男子 善女人 初日
수 보 리 약 유 선 남 자 선 여 인 초 일

分 以恒河沙 等身布施 中日分 復
분 이 항 하 사 등 신 보 시 중 일 분 부

以恒河沙 等身布施 後日分 亦以
이 항 하 사 등 신 보 시 후 일 분 역 이

恒河沙 等身布施 如是 無量百千
항 하 사 등 신 보 시 여 시 무 량 백 천

萬億劫 以身布施
만 억 겁 이 신 보 시

若復有人 聞此經典
약 부 유 인 문 차 경 전

信心不逆 其福勝彼
신 심 불 역 기 복 승 피

何況 書寫 受持讀誦 爲人解說
하 황 서 사 수 지 독 송 위 인 해 설

15. 이 가르침에는 많은 공덕이 있어

"수보리야, 어떤 선남자 선여인이 아침에 갠지스 강의 모래알 수만큼이나 많은 몸을 바쳐 보시하고, 낮에 또 갠지스강의 모래알 수만큼이나 많은 몸을 바쳐 보시하며, 다시 저녁에도 갠지스강의 모래알 수만큼이나 많은 몸을 바쳐 보시하며, 이와 같이 헤아릴 수 없이 많은 세월에 걸쳐 자신의 몸을 바쳐 보시하여도,

만약 어떤 사람이 이 경전의 가르침을 듣고서 믿는 마음이 일어나 거스르지 않고 그대로 따른다면, 이 복덕은 헤아릴 수 없이 많은 세월에 걸쳐 자신의 몸을 바쳐 보시한 복덕보다도 더 뛰어날 것인데, 하물며 이 경전을 쓰고 받아 지녀 읽고 외우면서 남을 위하여 그 뜻을 일러 주는 복덕이야 어찌 더 말할 필요가 있겠느냐."

須菩提 以要言之 是經
수보리 이요언지 시경

有不可思議 不可稱量 無邊功德
유불가사의 불가칭량 무변공덕

如來
여래

爲發大乘者說 爲發最上乘者說
위발대승자설 위발최상승자설

若有人 能受持讀誦 廣爲人說
약유인 능수지독송 광위인설

如來 悉知是人 悉見是人 皆得成就
여래 실지시인 실견시인 개득성취

不可量 不可稱 無有邊
불가량 불가칭 무유변

不可思議功德 如是人等 則爲荷擔
불가사의공덕 여시인등 즉위하담

如來阿耨多羅三藐三菩提
여래아뇩다라삼먁삼보리

"수보리야, 요점을 말하자면 이 가르침에는 생각할 수도 없고 헤아릴 수도 없는 끝없이 많은 공덕이 있느니라.

여래께서는 '모든 중생과 함께 깨달음으로 가는 공부'에 마음을 낸 사람들을 위하여 이 가르침을 설하셨으며, '부처님의 세상으로 가는 최상승의 길'에서 마음을 낸 사람들을 위하여 이 가르침을 설하셨기 때문이다.

만약 어떤 사람이 이 가르침을 받아 지녀 읽고 외우면서 널리 다른 사람들을 위하여 그 뜻을 일러 준다면, 여래께서는 이 사람들을 모두 알고 보시고 함께하시니, 이들 모두는 헤아릴 수 없고 그 끝을 알 수 없는 불가사의한 공덕을 성취할 것이니라. 이런 사람들은 여래의 '더할 나위 없이 높고도 올바른 깨달음'을 얻게 될 것이다."

何以故 須菩提
하 이 고　수 보 리

若樂小法者　着我見　人見　衆生見
약 요 소 법 자　착 아 견　인 견　중 생 견

壽者見　則於此經
수 자 견　즉 어 차 경

不能聽受讀誦　爲人解說
불 능 청 수 독 송　위 인 해 설

須菩提
수 보 리

在在處處　若有此經
재 재 처 처　약 유 차 경

一切世間　天人　阿修羅　所應供養
일 체 세 간　천 인　아 수 라　소 응 공 양

當知　此處　則爲是塔　皆應恭敬
당 지　차 처　즉 위 시 탑　개 응 공 경

作禮圍遶　以諸華香　而散其處
작 례 위 요　이 제 화 향　이 산 기 처

110

"왜냐하면 수보리야, 작은 것에 집착하여 좁은 소견을 지닌 사람들은 '나라는 생각에 집착하고, 남이라는 생각에 집착하며, 우리 중생이라는 생각에 집착하고, 또는 이들 모두의 생명이 영원할 것이라는 생각에 집착하고 있는 것'과 같으니, 이 경의 가르침을 듣고 받아 읽고 외워서 다른 사람들을 위하여 그 뜻을 일러 줄 수 없기 때문이다.

수보리야, 이 경전이 있는 곳은 어디든지, 온갖 세간에 있는 하늘의 신과 인간과 아수라가 이 가르침을 받들어 공양을 올릴 것이다.

마땅히 이곳을 부처님이 계시는 탑전으로 알고 공양하며 예를 올리면서 온갖 꽃과 향으로써 아름답게 장엄해야 하느니라."

16. 能淨業障分

復次 須菩提 善男子 善女人
부차 수보리 선남자 선여인

受持讀誦 此經 若爲人輕賤
수지독송 차경 약위인경천

是人 先世罪業 應墮惡道
시인 선세죄업 응타악도

以今世人輕賤故 先世罪業 則爲消
이금세인경천고 선세죄업 즉위소

滅 當得阿耨多羅三藐三菩提
멸 당득아뇩다라삼먁삼보리

須菩提 我念過去 無量阿僧祇劫
수보리 아념과거 무량아승지겁

於燃燈佛前 得值八百四千萬億 那
어연등불전 득치팔백사천만억 나

由他諸佛 悉皆供養 承事無空過者
유타제불 실개공양 승사무공과자

16. 전생에 지은 죄업이 소멸되고

"또한 수보리야, 이 경을 받아 지녀 읽고 외우는 선남자 선여인이 만약 다른 사람들에게 업신여김과 천대를 받는다면,
이 사람은 전생에 지은 죄업으로는 지옥 아귀 축생계로 떨어져야 하겠지만,
금생에 다른 사람들이 업신여기고 천대하였으므로 이 일로 전생에 지은 죄업이 소멸되어 높고도 올바른 깨달음을 얻게 되리라.

수보리야, 내가 과거 헤아릴 수 없이 많은 세월을 생각해 보니, 불꽃처럼 빛나는 연등 부처님을 만나 뵙기 전에도, 팔백사천만억 상상할 수도 없이 많은 부처님을 만나 그 부처님을 모두 다 공양하고 섬겼기에 헛되이 보낸 세월이 없었느니라."

若復有人 於後末世 能受持讀誦
약 부 유 인　어 후 말 세　능 수 지 독 송

此經 所得功德 於我所供養
차 경　소 득 공 덕　어 아 소 공 양

諸佛功德 百分不及一 千萬億分
제 불 공 덕　백 분 불 급 일　천 만 억 분

乃至 算數譬喻 所不能及
내 지　산 수 비 유　소 불 능 급

須菩提 若善男子 善女人
수 보 리　약 선 남 자　선 여 인

於後末世 有受持讀誦
어 후 말 세　유 수 지 독 송

此經 所得功德 我若具說者
차 경　소 득 공 덕　아 약 구 설 자

或有人聞 心則狂亂 狐疑不信
혹 유 인 문　심 즉 광 란　호 의 불 신

須菩提 當知
수 보 리　당 지

是經義 不可思議 果報 亦不可思議
시 경 의　불 가 사 의　과 보　역 불 가 사 의

"만약 뒷날 부처님의 법이 쇠퇴할 때 어떤 사람이 이 경을 받아 지녀 읽고 외운다면, 이 사람이 얻는 공덕에 비해 내가 모든 부처님께 공양 올린 공덕은 그 백분의 일에도 미치지 못하고, 천만억 분의 일에도 미치지 못하며, 더 나아가 어떤 숫자로 셈하거나 비유하더라도 미칠 수가 없느니라.

수보리야, 만약 선남자 선여인이 뒷날 부처님의 법이 쇠퇴할 때 이 경을 받아 지녀 읽고 외워서 얻는 공덕을 내가 모두 상세히 말한다면, 혹 어떤 사람들은 그 말을 듣고는 이해가 안 되어 마음이 몹시 어지러워 의심하며 믿지 않을 것이다.

수보리야, 마땅히 알아야 한다. 이 경의 뜻은 불가사의하며, 그 과보 또한 불가사의한 것이니라."

17. 究竟無我分

爾時 須菩提 白佛言
이시 수보리 백불언

世尊 善男子 善女人
세존 선남자 선여인

發阿耨多羅三藐三菩提心
발아뇩다라삼먁삼보리심

云何應住 云何降伏其心
운하응주 운하항복기심

佛告 須菩提
불고 수보리

若善男子 善女人 發阿耨多羅三藐
약선남자 선여인 발아뇩다라삼먁

三菩提心者 當生如是心 我應滅度
삼보리심자 당생여시심 아응멸도

一切眾生 滅度一切眾生已 而無有
일체중생 멸도일체중생이 이무유

一眾生 實滅度者
일중생 실멸도자

17. 무아를 통달해야 참다운 보살

그때 장로 수보리가 부처님께 사뢰어 물었다.

"세존이시여, '더할 나위 없이 높고도 올바른 깨달음'을 얻고자 마음을 낸 선남자 선여인은 어떻게 살아야 하며 어떻게 마음을 다스려야 합니까?"

부처님께서 장로 수보리에게 일러 말씀하셨다.

"만약 선남자 선여인이 '더할 나위 없이 높고도 올바른 깨달음'을 얻고자 한다면 이와 같은 마음을 내야 하니, '나는 온갖 중생을 남김없이 제도해야 하지만, 모든 중생을 남김없이 제도하고 나면 실로 제도한 중생은 하나도 없다'는 마음을 내어야 한다."

何以故 須菩提
하 이 고 수 보 리

若菩薩 有我相 人相 衆生相 壽者相
약 보 살 유 아 상 인 상 중 생 상 수 자 상

則非菩薩
즉 비 보 살

所以者何 須菩提
소 이 자 하 수 보 리

實無有法
실 무 유 법

發阿耨多羅三藐三菩提心者
발 아 뇩 다 라 삼 먁 삼 보 리 심 자

須菩提 於意云何
수 보 리 어 의 운 하

如來 於燃燈佛所
여 래 어 연 등 불 소

有法 得阿耨多羅三藐三菩提不
유 법 득 아 뇩 다 라 삼 먁 삼 보 리 부

"무엇 때문이겠느냐 수보리야.

만약 보살이 '나라는 모습에 집착하고, 남이라는 모습에 집착하며, 나와 남들이 어울려 생겨나는 우리 중생이라는 모습에 집착하고, 또는 이들 모두의 생명이 영원할 것이라는 모습에 집착하는 것'이라면 이는 보살이 아니기 때문이니,

왜냐하면 수보리야, 실로 '깨달음을 얻게 할 법'이란 없기 때문이다.

수보리야 그대는 어떻게 생각하느냐? 여래께서 불꽃처럼 빛나는 연등 부처님 처소에 계실 때에 '올바른 깨달음이란 법'을 얻은 것이 있겠느냐?"

不也 世尊 如我解 佛所說義
불야 세존 여아해 불소설의

佛 於燃燈佛所 無有法 得阿耨多羅
불 어연등불소 무유법 득아뇩다라

三藐三菩提
삼먁삼보리

佛言
불언

如是如是 須菩提 實無有法 如來 得
여시여시 수보리 실무유법 여래 득

阿耨多羅三藐三菩提
아뇩다라삼먁삼보리

須菩提 若有法
수보리 약유법

如來 得阿耨多羅三藐三菩提者
여래 득아뇩다라삼먁삼보리자

燃燈佛 則不與我授記
연등불 즉불여아수기

汝於來世 當得作佛 號釋迦牟尼
여어내세 당득작불 호석가모니

"아닙니다, 세존이시여. 제가 부처님께서 말씀하신 뜻을 이해하기로는 부처님께서 불꽃처럼 빛나는 연등 부처님의 처소에서 '올바른 깨달음이란 법'을 얻은 것이 없습니다."

부처님께서 말씀하셨다.

"맞다, 맞는 소리이다, 수보리야. 실로 어떤 법이 있어 여래께서 '더할 나위 없이 높고도 올바른 깨달음'을 얻은 것이 아니니라.

수보리야, 만약 여래께서 '더할 나위 없이 높고도 올바른 깨달음'을 어떤 실체가 있는 법으로써 얻은 것이라면, 불꽃처럼 빛나는 연등 부처님께서 나에게 '그대는 오는 세상에 부처님이 되어 석가모니라 불릴 것이다.'라는 수기를 주시지 않았을 것이다."

以實無有法　得阿耨多羅三藐三菩
이 실 무 유 법　득 아 뇩 다 라 삼 먁 삼 보

提　是故　燃燈佛　與我授記　作是言
리　시 고　연 등 불　여 아 수 기　작 시 언

汝於來世　當得作佛　號釋迦牟尼
여 어 내 세　당 득 작 불　호 석 가 모 니

何以故　如來者　即諸法如義
하 이 고　여 래 자　즉 제 법 여 의

若有人言　如來　得阿耨多羅三藐三
약 유 인 언　여 래　득 아 뇩 다 라 삼 먁 삼

菩提　須菩提　實無有法　佛得阿耨多
보 리　수 보 리　실 무 유 법　불 득 아 뇩 다

羅三藐三菩提
라 삼 먁 삼 보 리

須菩提　如來所得　阿耨多羅三藐三
수 보 리　여 래 소 득　아 뇩 다 라 삼 먁 삼

菩提　於是中　無實無虛　是故　如來
보 리　어 시 중　무 실 무 허　시 고　여 래

說一切法　皆是佛法
설 일 체 법　개 시 불 법

"실로 얻을 '더할 나위 없이 높고도 올바른 깨달음' 이란 어떤 법도 없는 것이니, 이런 까닭에 불꽃처럼 빛나는 연등 부처님께서 나에게 '그대는 오는 세상에 부처님이 되어 석가모니라 불릴 것이다.' 말씀하시면서 수기를 주신 것이다.

왜냐하면 여래란 곧 모든 것이 모자라거나 남음이 없이 있는 그대로 여여하다는 뜻이기 때문이다.

만약 어떤 사람이 '여래께서 더할 나위 없이 높고도 올바른 깨달음을 얻었다'고 말하여도, 수보리야, 실로 부처님께서 얻은 깨달음이라고 할 어떤 법도 없느니라.

수보리야, 여래께서 얻은 '더할 나위 없이 높고도 올바른 깨달음'은 참된 것도 아니요 헛된 것도 아니다. 이런 까닭에 여래께서는 모든 법이 다 부처님의 법이라고 하느니라."

須菩提 所言一切法者
수보리 소언일체법자

即非一切法 是故 名一切法
즉비일체법 시고 명일체법

須菩提 譬如人身長大
수보리 비여인신장대

須菩提言
수보리언

世尊 如來說
세존 여래설

人身長大 即爲非大身 是名大身
인신장대 즉위비대신 시명대신

須菩提 菩薩 亦如是
수보리 보살 역여시

若作是言 我當滅度 無量衆生
약작시언 아당멸도 무량중생

則不名菩薩
즉불명보살

何以故 須菩提 實無有法 名爲菩薩
하이고 수보리 실무유법 명위보살

"수보리야, 모든 법은 곧 모두 실체가 있는 법이 아니므로, 이를 일러 모든 법이라 한다.

수보리야, 비유하면 사람의 몸이 참으로 큰 것과 같으니라."

장로 수보리가 부처님께 사뢰어 말하였다.

"세존이시여, 여래께서 사람의 몸이 참으로 크다고 말씀하시는 것은, 곧 어떤 실물로 나타나는 큰 몸이 아니기 때문에, 이를 일러 큰 몸이라 하는 것입니다."

"수보리야, 보살 또한 이와 같아서 만약 '내가 헤아릴 수 없이 많은 중생들을 남김없이 제도하리라.' 말한다면, 곧 이는 보살이라 할 수 없다. 왜냐하면 수보리야, 실로 보살이라고 할 어떤 법도 없기 때문에 이를 일러 보살이라 한다."

是故 佛說一切法
시 고　불 설 일 체 법

無我 無人 無衆生 無壽者
무 아　무 인　무 중 생　무 수 자

須菩提 若菩薩
수 보 리　약 보 살

作是言 我當 莊嚴佛土 是不名菩薩
작 시 언　아 당　장 엄 불 도　시 불 명 보 살

何以故 如來說
하 이 고　여 래 설

莊嚴佛土者 卽非莊嚴 是名莊嚴
장 엄 불 도 자　즉 비 장 엄　시 명 장 엄

須菩提 若菩薩 通達無我法者
수 보 리　약 보 살　통 달 무 아 법 자

如來說名 眞是菩薩
여 래 설 명　진 시 보 살

"이런 까닭에 부처님께서는 '모든 법에는 나라고 집착할 것이 없고, 남이라고 집착할 것이 없으며, 나와 남들이 어울려 생겨나는 우리 중생이라고 집착할 것이 없고, 이들 모두의 생명이 영원할 것이라고 집착할 것이 없다'고 말씀하신다.

수보리야, 보살이 만약 '내가 부처님의 국토를 장엄하리라.' 말한다면 이를 일러 보살이라 할 수 없다. 왜냐하면 여래께서 '부처님의 국토를 장엄하리라.' 말씀하신 것은 곧 어떤 실물로 장엄하는 것이 아니므로 이를 일러 장엄이라 하기 때문이다.

수보리야, 만약 보살이 '고정된 나라는 실체가 없어 집착할 어떤 법도 없다'는 이치에 통달하였다면, 여래께서는 이를 일러 참다운 보살이라고 말씀하시느니라."

18. 一體同觀分

須菩提 於意云何
수 보 리　어 의 운 하

如來 有肉眼不
여 래　유 육 안 부

如是 世尊 如來 有肉眼
여 시　세 존　여 래　유 육 안

須菩提 於意云何
수 보 리　어 의 운 하

如來 有天眼不
여 래　유 천 안 부

如是 世尊 如來 有天眼
여 시　세 존　여 래　유 천 안

須菩提 於意云何
수 보 리　어 의 운 하

如來 有慧眼不
여 래　유 혜 안 부

如是 世尊 如來 有慧眼
여 시　세 존　여 래　유 혜 안

128

18. 과거 현재 미래의 마음은 얻을 수 없다

"수보리야, 그대는 어떻게 생각하느냐?
여래에게 '육신의 눈'이 있겠느냐?"
"그렇습니다, 세존이시여.
여래에게는 '육신의 눈'이 있습니다."

"수보리야, 그대는 어떻게 생각하느냐?
여래에게 '하늘의 눈'이 있겠느냐?"
"그렇습니다, 세존이시여.
여래에게는 '하늘의 눈'이 있습니다."

"수보리야, 그대는 어떻게 생각하느냐?
여래에게 '지혜의 눈'이 있겠느냐?"
"그렇습니다, 세존이시여.
여래에게는 '지혜의 눈'이 있습니다."

須菩提 於意云何
수보리 어의운하

如來 有法眼不
여래 유법안부

如是 世尊 如來 有法眼
여시 세존 여래 유법안

須菩提 於意云何
수보리 어의운하

如來 有佛眼不
여래 유불안부

如是 世尊 如來 有佛眼
여시 세존 여래 유불안

須菩提 於意云何
수보리 어의운하

如恒河中所有沙 佛說 是沙不
여항하중소유사 불설 시사부

如是 世尊 如來說 是沙
여시 세존 여래설 시사

"수보리야, 그대는 어떻게 생각하느냐?
여래에게 '법의 눈'이 있겠느냐?"
"그렇습니다, 세존이시여.
여래에게는 '법의 눈'이 있습니다."

"수보리야, 그대는 어떻게 생각하느냐?
여래에게 '부처님의 눈'이 있겠느냐?"
"그렇습니다, 세존이시여.
여래에게는 '부처님의 눈'이 있습니다."

"수보리야, 그대는 어떻게 생각하느냐?
저 갠지스강에 있는 모든 모래알에 대해 부처님
께서 말씀하신 적이 있었느냐?"
"그렇습니다, 세존이시여.
여래께서는 저 갠지스강에 있는 모래알에 대해
말씀하신 적이 있습니다."

須菩提 於意云何 如一恒河中 所有
수보리 어의운하 여일항하중 소유

沙有 如是沙等恒河 是諸恒河 所有
사유 여시사등항하 시제항하 소유

沙數 佛世界 如是 寧爲多不
사수 불세계 여시 영위다부

甚多 世尊
심다 세존

佛告 須菩提 爾所國土中 所有衆生
불고 수보리 이소국토중 소유중생

若干種心 如來悉知
약간종심 여래실지

何以故 如來說
하이고 여래설

諸心 皆爲非心 是名爲心
제심 개위비심 시명위심

所以者何 須菩提 過去心不可得
소이자하 수보리 과거심불가득

現在心不可得 未來心不可得
현재심불가득 미래심불가득

"수보리야, 그대는 어떻게 생각하느냐? 저 갠지스강에 있는 모든 모래알 수만큼 많은 갠지스강이 있고 또 그 모든 갠지스강에 있는 모든 모래알 수만큼 많은 부처님의 세계가 있다면 이를 많다고 할 수 있겠느냐?"

"세존이시여, 참으로 많습니다."

부처님께서 장로 수보리에게 일러 말씀하셨다.

"저 국토 가운데 있는 모든 중생의 마음 하나하나를 여래께서는 낱낱이 다 아신다.

왜냐하면 여래께서 말씀하신 온갖 마음은 모두 실체가 있는 마음이 아니므로, 이를 일러 마음이라 하기 때문이다.

왜 그런가 하면 수보리야, 지나간 마음은 이미 없어져 얻을 수 없고, 현재의 마음은 잠시도 머물지 않아 얻을 수 없으며, 미래의 마음은 아직 오지를 않아 얻을 수 없기 때문이니라."

19. 法界通化分

須菩提 於意云何
수 보리 어의 운하

若有人 滿三千大千世界七寶 以用
약 유 인 만 삼 천 대 천 세 계 칠 보 이 용

布施 是人 以是因緣 得福多不
보 시 시 인 이 시 인 연 득 복 다 부

如是 世尊 此人 以是因緣 得福甚多
여 시 세 존 차 인 이 시 인 연 득 복 심 다

須菩提
수 보 리

若福德有實 如來 不說 得福德多
약 복 덕 유 실 여 래 불 설 득 복 덕 다

以福德 無故 如來說 得福德多
이 복 덕 무 고 여 래 설 득 복 덕 다

19. 복덕의 실체가 없는 까닭에

"수보리야, 그대는 어떻게 생각하느냐? 만약 어떤 사람이 있어 삼천대천세계를 일곱 가지 보배로 가득 채워 다른 사람들에게 베푼다면 이 사람은 이 인연으로 얻게 되는 복덕이 많겠느냐?"

"그렇습니다, 세존이시여. 이 사람은 이 인연으로 얻게 되는 복덕이 참으로 많습니다."

"수보리야, 만약 복덕이 실제로 있는 것이라면 여래께서는 복덕이 많다고 말씀하지 않았을 것이다.

복덕의 실체가 없는 까닭에 여래께서 복덕이 많다고 말씀하신 것이니라."

20. 離色離相分

須菩提 於意云何
수보리 어의운하

佛 可以具足色身 見不
불 가이구족색신 견부

不也世尊 如來 不應以具足色身見
불야세존 여래 불응이구족색신견

何以故 如來說 具足色身
하이고 여래설 구족색신

卽非具足色身 是名具足色身
즉비구족색신 시명구족색신

須菩提 於意云何
수보리 어의운하

如來 可以具足諸相 見不
여래 가이구족제상 견부

20. 몸과 형상을 떠나 있어야

"수보리야, 그대는 어떻게 생각하느냐? '뛰어나게 아름다운 몸'으로 부처님을 볼 수 있겠느냐?"

"아니요. 그렇지 않습니다, 세존이시여. 여래를 '뛰어나게 아름다운 몸'으로는 볼 수 없습니다. 왜냐하면 여래께서 말씀하는 '뛰어나게 아름다운 몸'은 어떤 실물로 있는 '뛰어나게 아름다운 몸'이 아니므로, 이를 일러 '뛰어나게 아름다운 몸'이라 하기 때문입니다."

"수보리야, 그대는 어떻게 생각하느냐? 서른두 가지 뛰어난 모습을 다 갖춘 것으로 여래를 볼 수 있겠느냐?"

不也 世尊
불야 세존

如來 不應以具足諸相 見
여래 불응이구족제상 견

何以故 如來說
하이고 여래설

諸相具足 卽非具足 是名諸相具足
제상구족 즉비구족 시명제상구족

"아닙니다, 세존이시여. 서른두 가지 뛰어난 모습을 다 갖춘 것으로 여래를 볼 수 없습니다.

왜냐하면 여래께서 말씀하신 서른두 가지 뛰어난 모습을 다 갖춘다는 것은, 어떤 실물로 서른두 가지 뛰어난 모습을 다 갖춘 것이 아니므로, 이를 일러 서른두 가지 뛰어난 모습을 다 갖춘 것이라 하기 때문입니다."

21. 非說所說分

須菩提 汝 勿謂
수보리 여 물위

如來 作是念 我當 有所說法
여래 작시념 아당 유소설법

莫作是念 何以故 若人言 如來 有所
막작시념 하이고 약인언 여래 유소

說法 則爲謗佛 不能解我所說故
설법 즉위방불 불능해아소설고

須菩提 說法者 無法可說 是名說法
수보리 설법자 무법가설 시명설법

21. 설할 만한 어떤 법도 없기에

"수보리야, 그대는 여래께서 '내가 설한 법이 있다.' 이렇게 생각한다고 짐작하여 말하지 말라.

이런 생각을 하지 말아야 하니, 왜냐하면 어떤 사람이 여래께서 말씀하신 법이 있다고 하면 이는 부처님을 비방하는 것이며, 내가 말한 것을 이해하지 못하고 있기 때문이다.

수보리야, 법을 설한다고 하는 것은 설할 만한 어떤 법도 없기에 이를 일러 법을 설한다고 하느니라."

爾時 慧命須菩提 白佛言
이 시   혜 명 수 보 리   백 불 언

世尊 頗有衆生
세 존   파 유 중 생

於未來世 聞說是法 生信心不
어 미 래 세   문 설 시 법   생 신 심 부

佛言 須菩提 彼非衆生 非不衆生
불 언   수 보 리   피 비 중 생   비 불 중 생

何以故 須菩提 衆生衆生者
하 이 고   수 보 리   중 생 중 생 자

如來 說非衆生 是名衆生
여 래   설 비 중 생   시 명 중 생

그때 장로 수보리가 부처님께 사뢰어 말하였다.

"세존이시여, 오는 세상에서 중생들이 이 가르침을 듣고서 믿는 마음을 낼 수 있겠습니까?"

"수보리야, 그들은 '중생'이 아니며 '중생이 아닌 것'도 아니다. 무엇 때문이겠느냐, 수보리야. '중생중생'이라 하는 것은, 여래께서 '중생이 아닌 것', 이를 일러 '중생'이라 말씀하셨기 때문이니라."

22. 無法可得分

須菩提 白佛言
수 보 리 백 불 언

世尊 佛得
세 존 불 득

阿耨多羅三藐三菩提 爲無所得耶
아 뇩 다 라 삼 먁 삼 보 리 위 무 소 득 야

佛言
불 언

如是 如是 須菩提 我 於阿耨多羅三
여 시 여 시 수 보 리 아 어 아 뇩 다 라 삼

藐三菩提 乃至 無有少法可得 是名
먁 삼 보 리 내 지 무 유 소 법 가 득 시 명

阿耨多羅三藐三菩提
아 뇩 다 라 삼 먁 삼 보 리

22. 얻을 만한 어떤 법도 없다

장로 수보리가 부처님께 사뢰어 말하였다.

"세존이시여, 부처님께서 얻은 깨달음은 얻을 만한 어떤 법도 없는 것입니까?"

부처님께서 말씀하셨다.

"맞다, 맞는 말이다, 수보리야. 나는 깨달음에서 그 어떤 조그마한 법도 얻을만한 것이 없기 때문에, 이를 일러 '더할 나위 없이 높고도 올바른 깨달음'이라고 하느니라."

23. 淨心行善分

復次 須菩提 是法平等 無有高下
부차 수보리 시법평등 무유고하

是名阿耨多羅三藐三菩提
시명아뇩다라삼먁삼보리

以無我 無人 無衆生 無壽者
이무아 무인 무중생 무수자

修一切善法
수일체선법

則得阿耨多羅三藐三菩提
즉득아뇩다라삼먁삼보리

須菩提 所言善法者
수보리 소언선법자

如來說 卽非善法 是名善法
여래설 즉비선법 시명선법

23. 이 법은 평등하여 높고 낮은 것이 없으므로

"또한 수보리야, 이 법은 평등하여 높고 낮은 것이 없으므로 이를 일러 '더할 나위 없이 높고도 올바른 깨달음'이라고 한다.

'나라는 생각도 없고, 남이라는 생각도 없으며, 우리 중생이라는 생각도 없고, 이들 모두의 생명이 영원하리라는 생각'도 없이 온갖 좋은 법을 닦기 때문에 바로 '더할 나위 없이 높고도 올바른 깨달음'을 얻는다.

수보리야, 여기에서 말하는 좋은 법이란 여래께서 곧 어떤 실물로 나타나는 좋은 법이 아니라고 말씀하시므로, 이를 일러 좋은 법이라고 하느니라."

24. 福智無比分

須菩提
수 보 리

若三千大千世界中 所有 諸須彌山
약 삼 천 대 천 세 계 중 소 유 제 수 미 산

王 如是等 七寶聚 有人 持用布施
왕 여 시 등 칠 보 취 유 인 지 용 보 시

若人 以此般若波羅蜜經 乃至 四句
약 인 이 차 반 야 바 라 밀 경 내 지 사 구

偈等 受持讀誦 爲他人說
게 등 수 지 독 송 위 타 인 설

於前福德 百分不及一 百千萬億分
어 전 복 덕 백 분 불 급 일 백 천 만 억 분

乃至 算數 譬喩 所不能及
내 지 산 수 비 유 소 불 능 급

24. 그 뜻을 일러 준 복덕에 비교한다면

"수보리야, 삼천대천세계에 있는 거대한 수미산들을 모두 합쳐 놓은 것만큼 많은 일곱 가지 보배더미를 어떤 사람이 가져다 보시하더라도,

만일 다른 어떤 사람이 이 금강경이나 이 가르침 속에 있는 네 구절의 게송만이라도 받아 지녀 읽고 외워서 남에게 그 뜻을 일러 준 복덕에 비교한다면,

이 복덕에 비해 일곱 가지 보배더미를 보시하는 복덕은 백 분의 일에도 미치지 못하고, 백천만억 분의 일에도 미치지 못하며, 어떤 숫자로도 셈할 수 없고 어떤 비유로도 이 복덕에는 미치지 못할 것이니라."

25. 化無所化分

須菩提 於意云何
수보리 어의운하

汝等 勿謂 如來 作是念 我當度衆生
여등 물위 여래 작시념 아당도중생

須菩提 莫作是念
수보리 막작시념

何以故 實無有衆生 如來度者
하이고 실무유중생 여래도자

若有衆生 如來度者
약유중생 여래도자

如來 則有我人衆生壽者
여래 즉유아인중생수자

25. 여래께서는 제도할 어떤 중생도 없다

"수보리야 그대는 어떻게 생각하느냐? 그대들은 여래께서 '내가 중생을 제도하리라.' 이렇게 생각한다고, 짐작하여 말하지 말라.

수보리야, 이런 생각을 내지 말아야 하니 무엇 때문이겠느냐? 여래께서는 실로 한 중생도 제도할 중생이 없기 때문이다.

만약 여래께서 제도할 어떤 중생이 있다면 여래에게는 곧 '나라는 생각, 남이라는 생각, 우리 중생이라는 생각, 또는 이들 모두의 생명이 영원할 것이라는 생각'이 있는 것이다."

須菩提 如來說 有我者 卽非有我
수보리 여래설 유아자 즉비유아

而凡夫之人 以爲有我
이범부지인 이위유아

須菩提 凡夫者
수보리 범부자

如來說 卽非凡夫 是名凡夫
여래설 즉비범부 시명범부

"수보리야, 여래께서 '나'가 있다고 말씀하신 것은 곧 '어떤 고정된 실체로서 나'가 있다는 것이 아닌데도, 범부들은 '나'가 있다고 여기기 때문이니,

수보리야, 범부라는 것도 여래께서 어떤 실체가 있는 범부가 아니라고 말씀하시므로 이를 일러 범부라고 하느니라."

26. 法身非相分

須菩提 於意云何
수 보 리   어 의 운 하

可以三十二相 觀如來不
가 이 삼 십 이 상   관 여 래 부

須菩提言
수 보 리 언

如是 如是 以三十二相 觀如來
여 시   여 시   이 삼 십 이 상   관 여 래

佛言須菩提
불 언 수 보 리

若以三十二相 觀如來者
약 이 삼 십 이 상   관 여 래 자

轉輪聖王 則是如來
전 륜 성 왕   즉 시 여 래

須菩提 白佛言 世尊 如我解 佛所說
수 보 리 백 불 언 세 존 여 아 해 불 소 설

義 不應以三十二相 觀如來
의   불 응 이 삼 십 이 상   관 여 래

26. 모습으로 부처님을 보려 하거나

"수보리야, 그대는 어떻게 생각하느냐? '서른두 가지 뛰어난 모습'으로 여래를 볼 수 있겠느냐?"

"그렇습니다, 세존이시여. '서른두 가지 뛰어난 모습'으로 여래를 볼 수 있습니다."

"수보리야, '서른두 가지 뛰어난 모습'으로 여래를 볼 수 있다면 전륜성왕도 여래이겠구나."

"세존이시여, 제가 부처님께서 말씀하신 뜻을 이해하기로는 '서른두 가지 뛰어난 모습'만으로 여래를 볼 수 없습니다."

爾時 世尊 而說偈言
이 시 세 존 이 설 게 언

若以色見我　以音聲求我
약 이 색 견 아　이 음 성 구 아

是人行邪道　不能見如來
시 인 행 사 도　불 능 견 여 래

그때 세존께서 게송으로 말씀하셨다.

모습으로 부처님을 보려 하거나
소리로써 부처님을 찾으려 하면
이 사람은 잘못된 길 가는 것이니
부처님을 볼 수 있는 인연 없으리.

27. 無斷無滅分

須菩提 汝 若作是念
수 보 리 여 약 작 시 념

如來 不以具足相故
여 래 불 이 구 족 상 고

得阿耨多羅三藐三菩提
득 아 뇩 다 라 삼 먁 삼 보 리

須菩提 莫作是念
수 보 리 막 작 시 념

如來 不以具足相故
여 래 불 이 구 족 상 고

得阿耨多羅三藐三菩提
득 아 뇩 다 라 삼 먁 삼 보 리

須菩提 汝 若作是念
수 보 리 여 약 작 시 념

發阿耨多羅三藐三菩提心者
발 아 뇩 다 라 삼 먁 삼 보 리 심 자

說 諸法斷滅
설 제 법 단 멸

27. 온갖 법이 끊어지고 사라진다는 모습이 없어

"수보리야, 그대가 만약 '여래께서 뛰어나게 아름다운 모습을 다 갖추지 않았기 때문에 더할 나위 없이 높고도 올바른 깨달음을 얻었다.'라고 짐작하여 생각하고 있다면,

수보리야, 그대는 '여래께서 뛰어나게 아름다운 모습을 다 갖추지 않았기 때문에 더할 나위 없이 높고도 올바른 깨달음을 얻었다.' 짐작하여 그렇게 생각하지 말라.

수보리야, 그대가 '더할 나위 없이 높고도 올바른 깨달음을 얻고자 마음을 낸 사람은 온갖 법이 없어져 끊어진다고 말한다.' 그리 짐작하여 생각하고 있다면,

莫作是念
막 작 시 념

何以故發阿耨多羅三藐三菩提心者
하 이 고 발 아 뇩 다 라 삼 먁 삼 보 리 심 자

於法 不說 斷滅相
어 법 불 설 단 멸 상

수보리야, 그대는 짐작하여 그렇게 생각하지 말라. 왜냐하면 '더할 나위 없이 높고도 올바른 깨달음'을 얻고자 마음을 낸 사람은 어떤 법에서도 온갖 법이 끊어지고 사라진다는 모습을 말하지 않기 때문이다.”

28. 不受不貪分

須菩提 若菩薩
수 보 리 약 보 살

以滿恒河沙等 世界七寶 持用布施
이 만 항 하 사 등 세 계 칠 보 지 용 보 시

若復有人 知一切法 無我 得成於忍
약 부 유 인 지 일 체 법 무 아 득 성 어 인

此菩薩 勝前菩薩 所得功德
차 보 살 승 전 보 살 소 득 공 덕

何以故 須菩提
하 이 고 수 보 리

以諸菩薩 不受福德故
이 제 보 살 불 수 복 덕 고

須菩提 白佛言
수 보 리 백 불 언

世尊 云何菩薩 不受福德
세 존 운 하 보 살 불 수 복 덕

須菩提 菩薩 所作福德
수 보 리 보 살 소 작 복 덕

不應貪着 是故 說 不受福德
불 응 탐 착 시 고 설 불 수 복 덕

28. 탐을 내지도 않고 집착하지도 않으니

"수보리야, 만약 보살이 갠지스강 모래알 수만큼 많은 세계를 일곱 가지 보배로 가득 채워 남에게 베풀더라도, 어떤 사람이 '모든 법에 나의 것이라고 할 어떤 고정된 실체가 없음'을 알아 참다운 지혜를 성취하면 이 보살의 복덕은 일곱 가지 보배를 베풀어 얻는 복덕보다도 훨씬 뛰어날 것이니, 왜냐하면 수보리야, 이런 보살은 모두 복덕을 받지 않기 때문이니라."

"세존이시여, 어찌하여 보살이 복덕을 받지 않는다고 말씀하십니까?"

"수보리야, 보살은 복덕을 지을 뿐 그 복덕에 탐을 내지도 않고 집착하지도 않으니, 이런 까닭에 복덕을 받지 않는다고 말하느니라."

29. 威儀寂靜分

須菩提 若有人言
수보리 약유인언

如來 若來若去 若坐若臥
여래 약래약거 약좌약와

是人不解 我所說義
시인불해 아소설의

何以故 如來者
하이고 여래자

無所從來 亦無所去 故名如來
무소종래 역무소거 고명여래

29. 여래란 오는 바도 없고 가는 바도 없어

"수보리야, 어떤 사람이 '여래께서 오기도 하고 가기도 하며 앉기도 하고 눕기도 한다.'라고 말한다면, 그 사람은 내가 말한 뜻을 알지 못한 것이다.

왜냐하면 여래란 오는 바도 없고 가는 바도 없기 때문이니, 이를 일러 여래라고 하느니라."

30. 一合理相分

須菩提 若善男子 善女人
수보리 약선남자 선여인

以三千大千世界 碎爲微塵
이삼천대천세계 쇄위미진

於意云何 是微塵衆 寧爲多不
어의운하 시미진중 영위다부

須菩提言
수보리언

甚多 世尊 何以故 若是微塵衆
심다 세존 하이고 약시미진중

實有者 佛則不說 是微塵衆
실유자 불즉불설 시미진중

所以者何 佛說 微塵衆
소이자하 불설 미진중

卽非微塵衆 是名微塵衆
즉비미진중 시명미진중

30. 하나로 합쳐진 모습을 이치로 보면

"수보리야, 선남자 선여인이 삼천대천세계를 부수어 미세한 티끌로 만든다면 그대는 어떻게 생각하느냐? 이 티끌들을 모아 놓은 것이 많지 않겠느냐?"

장로 수보리가 말하였다.

"참으로 많습니다, 세존이시여. 왜냐하면 이 티끌들을 모아 놓은 것이 실로 있는 것이라면 부처님께서는 이 티끌들을 모아 놓은 것이라고 말씀하지 않으셨을 것이기 때문입니다.

왜 그런가 하면 티끌들을 모아 놓은 것이라고 부처님께서 말씀하신 것은, 어떤 실물로 있는 티끌들을 모아 놓은 것이 아니므로 이를 일러 티끌들을 모아 놓은 것이라고 하는 것입니다."

世尊 如來所說
세존 여래소설

三千大千世界 卽非世界 是名世界
삼천대천세계 즉비세계 시명세계

何以故 若世界 實有者 則是一合相
하이고 약세계 실유자 즉시일합상

如來說 一合相
여래설 일합상

卽非一合相 是名一合相
즉비일합상 시명일합상

須菩提 一合相者 則是不可說
수보리 일합상자 즉시불가설

但凡夫之人 貪着其事
단범부지인 탐착기사

168

"세존이시여, 여래께서 말씀하신 삼천대천세계는 곧 실물로 있는 세계가 아니므로 이를 일러 세계라고 하는 것입니다.

왜냐하면 세계가 실물로 있는 것이라면 곧 '하나로 합쳐진 모습'에 집착하는 것이 있겠지만, 여래께서 말씀하신 '하나로 합쳐진 모습'은 곧 어떤 실물로써 '하나로 합쳐진 모습'이 아니므로 이를 일러 '하나로 합쳐진 모습'이라 하는 것입니다."

부처님께서 말씀하셨다.

"수보리야, '하나로 합쳐진 모습'이란 말할 수 있는 것이 아닌데도 다만 범부들이 그 현상을 탐내고 집착할 뿐이니라."

31. 知見不生分

須菩提 若人言
수보리 약인언

佛說 我見 人見 衆生見 壽者見
불설 아견 인견 중생견 수자견

須菩提 於意云何
수보리 어의운하

是人 解我所說義不
시인 해아소설의부

不也 世尊 是人 不解 如來所說義
불야 세존 시인 불해 여래소설의

何以故
하이고

世尊說 我見 人見 衆生見 壽者見
세존설 아견 인견 중생견 수자견

31. 어떤 모습에도 집착하는 마음을 내지 않아야

"수보리야, 만약 어떤 사람이 '부처님께서 나라
는 생각, 남이라는 생각, 우리 중생이라는 생각,
또는 이들 모두의 생명이 영원할 것이라는 생각
을 말씀하셨다.' 하면,

수보리야, 그대는 어떻게 생각하느냐? 이 사람은
내가 말한 뜻을 알고 있겠느냐?"

"그렇지 않습니다, 세존이시여. 이 사람은 여래
께서 말씀하신 뜻을 알고 있지 못합니다.

왜냐하면 세존께서 말씀하신 '나라는 생각, 남이
라는 생각, 우리 중생이라는 생각, 이들 모두의
생명이 영원할 것이라는 생각'은,

卽非我見 人見 衆生見 壽者見
즉 비 아 견 인 견 중 생 견 수 자 견

是名我見 人見 衆生見 壽者見
시 명 아 견 인 견 중 생 견 수 자 견

須菩提
수 보 리

發阿耨多羅三藐三菩提心者
발 아 뇩 다 라 삼 먁 삼 보 리 심 자

於一切法 應如是知
어 일 체 법 응 여 시 지

如是見 如是信解 不生法相
여 시 견 여 시 신 해 불 생 법 상

須菩提 所言法相者 如來說
수 보 리 소 언 법 상 자 여 래 설

卽非法相 是名法相
즉 비 법 상 시 명 법 상

곧 '나라는 생각, 남이라는 생각, 우리 중생이라는 생각, 이들 모두의 생명이 영원할 것이라는 생각'이 아니므로, 이를 일러 '나라는 생각, 남이라는 생각, 우리 중생이라는 생각, 이들 모두의 생명이 영원할 것이라는 생각'이라 하는 것입니다."

"수보리야, '더할 나위 없이 높고도 올바른 깨달음'을 얻고자 마음을 낸 사람은, 모든 법에 대해 이와 같이 알아야 하고 이와 같이 보아야 하며 이와 같이 믿고 이해하여 '법의 어떤 모습'에도 집착하는 마음을 내지 않아야 한다.

수보리야, 여기서 말하는 '법의 어떤 모습'이란 여래께서 '법의 어떤 모습에도 실체가 있는 것이 아니다.'라고 말씀하시니 이를 일러 '법의 어떤 모습'이라고 하느니라."

32. 應化非眞分

須菩提 若有人 以滿無量阿僧祇
수보리 약유인 이만무량아승지

世界七寶 持用布施
세계칠보 지용보시

若有善男子 善女人 發菩薩心者
약유선남자 선여인 발보살심자

持於此經 乃至 四句偈等 受持讀誦
지어차경 내지 사구게등 수지독송

爲人演說
위인연설

其福勝彼 云何 爲人演說
기복승피 운하 위인연설

不取於相 如如不動 何以故
불취어상 여여부동 하이고

174

32. 집착하는 모든 현실 꿈과 같으며

"수보리야, 어떤 사람이 헤아릴 수 없이 많은 세계에 일곱 가지 보배를 가득 채워 남에게 베풀더라도, 선남자 선여인이 보살의 마음을 내어 이경이나 이 가르침 속에 있는 네 구절의 게송만이라도 받아 지녀 읽고 외우면서 다른 사람을 위하여 그 뜻을 일러 준다면,

이 복덕이 일곱 가지 보배로 베푼 복덕보다도 훨씬 더 뛰어날 것이니라. 어떻게 다른 사람을 위하여 그 뜻을 일러 줄 것인가.

어떤 모습도 취하지 않아야 본디 마음이 여여하여 흔들리지 않으니, 무엇 때문이겠느냐? 게송으로 말하겠다."

一切有爲法　如夢幻泡影
일 체 유 위 법　여 몽 환 포 영

如露亦如電　應作如是觀
여 로 역 여 전　응 작 여 시 관

佛說是經已
불 설 시 경 이

長老須菩提　及諸比丘　比丘尼
장 로 수 보 리　급 제 비 구　비 구 니

優婆塞　優婆夷　一切世間　天人　阿修
우 바 새　우 바 이　일 체 세 간　천 인　아 수

羅　聞佛所說　皆大歡喜　信受奉行
라　문 불 소 설　개 대 환 희　신 수 봉 행

집착하는 모든 현실 꿈과 같으며
그림자나 허깨비와 물거품 같고
아침이슬, 번개처럼 사라지는 것
이와 같은 그 실상을 보아야 한다.

부처님께서 이 경전을 설해 마치시니, 장로 수보
리와 모든 비구 비구니 우바새 우바이들, 온갖
세간에 있는 하늘의 신들과 인간 아수라 등이
부처님의 가르침을 듣고 모두 크게 기뻐하며 이
를 믿고 받들어 실천하였습니다.

【회향문】

(   ) 사경 제자는
부처님 전에 사경을 마친 경전을 바칩니다.

경을 쓰는 이 공덕이 보살들의 뛰어난 삶
끝도 없이 뛰어난 복 온갖 공덕 회향하니
이 힘으로 원하건대 무명 속의 모든 중생
지금 바로 부처님의 극락정토 가옵소서.

나무 석가모니불
나무 석가모니불
나무 시아본사석가모니불

20   년   월   일 불제자   정례(頂禮)

정성껏 쓰신 사경을 활용 하는 방법

1. 정성껏 쓰신 사경본은 본인이 지니고 독송용으로 소장하면서, 집안의 가보로 삼으셔도 됩니다.

2. 또한 사경본을 집안 식구나 가까운 친지 및 주변 도반들에게 법공양을 올려 부처님과 인연을 맺어주면 그 공덕으로, 뒷날 그들은 다시 험하고 나쁜 세상에 태어나지 않게 될 것입니다.

3. 육신을 벗어난 영가를 천도하기 위하여 쓰신 사경본은 사십구재나 기일을 택하여 그들의 극락왕생을 위한 의식을 행할 때, 소대가 있는 절에서 도솔천으로 공양을 올리기도 합니다.

4. 법당이나 성스러운 불상 또는 부처님의 탑을 조성할 때 복장용으로 안치한 사경본은 오랜 세월이 흐른 뒤에도 정법을 이어주는 공덕이 있습니다.

원순 스님

해인사 백련암에서 성철 스님을 은사로 모시고 출가하여
해인사· 송광사 · 봉암사 등 제방선원에서 정진하였다.
『명추회요』를 번역한 『마음을 바로 봅시다』『한글원각경』『육조단경』『선요』
『선가귀감』을 강설한 『선수행의 길잡이』 등 다수의 불서를 펴냈으며
난해한 원효 스님의 『대승기신론 소·별기』를 『큰 믿음을 일으키는 글』로 풀이하였다.
현재 송광사 인월암에서 안거 중.

금강경 우리말 사경본

초판 발행 | 2022년 3월 6일
초판 2쇄 | 2023년 3월 22일
펴낸이 | 열린마음
풀어쓴이 | 원순

펴낸곳 | 도서출판 법공양
등록 | 1999년 2월 2일 · 제1-a2441
주소 | 03150 서울시 종로구 삼봉로 81
두산위브파빌리온 836호
전화 | 02-734-9428
팩스 | 02-6008-7024
이메일 | dharmabooks@chol.com

ⓒ 원순, 2023
ISBN 979-11-92137-02-5

값 12,000원

원순 스님이 풀어쓰거나 강설한 책들

능엄경 1, 2	중생계는 중생의 망상으로 생겨났음을 일깨우며, 번뇌를 벗어나 부처님 마음자리로 들어가는 가르침과 능엄신주를 설한 경전
규봉스님 금강경	금강경을 논리적으로 풀어가고 있는 기존의 시각과 다른 새로운 금강경 해설서
부대사 금강경	경에 담긴 뜻을 부대사가 게송으로 풀어낸 책
야부스님 금강경	경의 골수를 선시로 풀어 가슴을 뚫는 문학적 가치가 높은 책
육조스님 금강경	금강경의 이치를 대중적으로 쉽게 풀어쓴 금강경 기본 해설서
종경스님 금강경	아름다운 게송으로 금강경 골수를 드러내는 명쾌한 해설서
함허스님 금강경	다섯 분의 금강경 풀이를 연결하여 꿰뚫어 보게 하면서 금강경의 전개를 파악하고 근본 가르침을 또렷이 알 수 있게 설명한 험허스님의 걸작
지장경	지장보살의 전생 이야기와 그분의 원력이 담긴 경전
연꽃법화경	모든 중생이 부처님이라는 혁신적인 내용을 담고 있으면서도 고전문학의 가치를 지닌 경전
연경별찬	설잠 김시습이 『연꽃법화경』을 찬탄하여 쓴 글
한글 원각경	함허득통 스님이 주해한 원각경을 알기 쉽게 풀어쓴 글
초발심자경문	이 세상 모든 사람을 위한 마음 닦는 글
치문 1·2·3권	생활 속에서 가까이 해야 할 선사들의 주옥같은 가르침
선가귀감	경전과 어록에서 선의 요점만 추려 엮은 '선 수행의 길잡이'
큰 믿음을 일으키는 글	불교 논서의 백미로 꼽히는 『대승기신론 소·별기』 번역서
마음을 바로 봅시다 上下	『종경록』 고갱이를 추린 『명추회요』 국내 최초 번역서

선요	선의 참뜻을 일반 불자들도 알 수 있도록 풀이한 글
몽산법어	간화선의 교과서로 불리는 간화선 지침서
禪 스승의 편지	선방 수좌들의 필독서, 대혜 스님의『서장書狀』바로 그 책
절요	'선禪의 종착지로 가는 길'을 알려주는 보조지눌 스님의 저서
진심직설	행복한 마음을 명료하게 설명해 주는 참마음 수행 지침서
선원제전집도서	선과 교의 전체 내용을 체계적으로 정리한 참 좋은 책
무문관	선의 종지로 들어갈 문이 따로 없으니 오직 화두만 참구할 뿐.
정혜결사문	이 시대에 정혜결사의 뜻을 생각해 보게 하는 보조 스님의 명저
선문정로	퇴옹 성철 큰스님께서 전하시는 '선의 종착지는 어디인가?'
육조단경 덕이본	육조스님 일대기와 가르침을 극적으로 풀어낸 선종 으뜸 경전
돈오입도요문론	단숨에 깨달아 도에 들어가는 가르침을 잘 정리한 책
신심명·증도가	마음을 일깨워 주는 게송으로서 영원한 선 문학의 정수
한글 법보 염불집	불교 의식에 쓰이는 어려운 한문 법요집을 그 뜻을 이해하고 염불할 수 있도록 아름다운 우리말로 풀어씀
신심명 강설	신심명 게송을 하나하나 알기 쉽게 풀어 선어록의 이해를 돕는 간결한 지침서
선禪 수행의 길잡이	선과 교를 하나로 쉽게 이해하는『선가귀감』을 강설한 책
돈황법보단경 강설	육조스님 가르침을 간결하고 명료하게 담고 있는 책. 저자의 강설이 실려 있어 깊은 뜻을 쉽게 이해할 수 있는 책

독송용 경전 _ 우리말 금강반야바라밀경 및 금강경 사경본

관세음보살보문품 및 보문품 사경본

약사유리광 칠불본원공덕경 및 약사경 사경본

보현행원품 사경본

우리말 불설 미륵경 및 미륵경 사경본